股票期貨
技術大新解

模式買賣法 《適用各類金融商品》

蘇輝明 著

飛天股票期貨研究工作室出版

自 序

　　本書「股票期貨技術大新解」，是以模式化條列式的方式書寫，內容簡明易懂！凡各技術之K線、平均線、成交量和指標RSI、KD、MACD、時間轉折、波段走勢及型態等，皆賦予獨創且全新學理論述、定義和釋義。又如市場定義、大盤定義、消息面定義及主力定義，讓您在進入技術認識之前，先行了解主力在市場是如何操作！

　　「模式操作買賣法」是本書獨創且唯一的最大特色，坊間絕無僅有！所謂「模式買賣法」，凡是本書內所記述之各項「買進」與「賣出」訊號者，皆為買賣模式訊號，遇此訊號，皆應注意買進或賣出。

　　熟讀活用本技術（尤以指數期貨，在沒有基本面的干擾下），您將會在市場上有意想不到且無往不利的喜悅和收穫！

　　但望本書的出版能對投資人在操作及有志於股市技術分析之研究者，能有所助益！也由於股票市場的多變、多樣與複雜性，故在寫作上難免有遺漏、遺珠及無法述盡之憾！還望各界先進及讀者不吝指教！

　　當您閱完本書之後，相信必能讓您更加認識、了解、熟悉，進而更接近市場。

　　最後，還要感謝大富資訊公司及經理吳先生，慨然應允資訊之使用，得以讓本書順利出版，在此致上萬分謝意！

　　　　　　　　　　　　　　　　　　　　蘇 輝 明

台指期貨操作（下單）模式範例

日期：2016-08-11　星期四

時間	下單模式	多/空/平	成交點數
0852	5R地低30第三線撐	買多	9121
0855	同上	加多	9113
0932	5R正閉合	加多	9124
1020	5R負閉合5R頭肩頂	賣平	9140
說明：	5R地低：5分鐘K線圖，RSI指標，R地低買進訊號 30第三線撐：30分鐘K線圖，第三平均線支撐 正閉合買進訊號，負閉合賣出訊號，頭肩頂賣出訊號	買進多單 加碼多單 賣出平倉	成交點數 成交點數 平倉點數
1020	同上反向作空	賣空	9140
1035	5三纏線壓	加空	9136
1045	5R地低60第三線撐	買平	9000
說明：	同上反向作空：同前下單模式並反向作空賣出 5三纏線壓：5分鐘K線圖6，10，30三線纏線壓力 60第三線撐：60分鐘K線圖，第三平均線支撐	賣出空單 加碼空單 買進平倉	
1045	同上反向作多	買多	9004
1210	5R正乖大	賣平	9077
說明：	同上：同前下單模式 5R正乖大：5分鐘K線圖，RSI指標正乖離大		
1210	同上反向作空	賣空	9076
1233	60第三線上引	買平	9066
說明：	60第三線上引：60分鐘K線圖，第三平均線上引力作用		
1234	同上反向作多	買多	9065
1344	收盤	賣平	9089

註：上為台指期下單模式範例，股票操作亦同。

目　錄

大新解*1*-市場基本定義

市場定義

1. 市場先知，先知市場，是市場贏家的必備條件。

2. 股票市場多空看法永遠分岐，市場也因而產生。

3. 技術面、基本面、籌碼面、消息面、心理面…，足以影響股市漲跌者，統稱為「市場面」。

4. 技術面是「事後結果」，是主力的精心傑作；依據技術面經驗「鑑往知來」，可先知預作準備。

5. 以基本面為前提，技術面為依據，股價漲多漲高漲幅大時，應注意賣出；股價跌多跌低跌幅大時，應注意買進。

6. 股票市場是經濟櫥窗，是經濟的領先指標；技術面領先市場面。

7. 經濟因股市而繁榮，也因股市而蕭條；成也股市，敗也股市；興也股市，衰也股市。

8. 經濟是國家的命脈，股市榮枯攸關全民利益；所以股市代表最直接民意，為政者不可不知！

9. 投資股票靠自己，「技術面」是唯一的依靠；「基本面」好的股票是投資者，唯一的選擇。

10. 股票市場充滿機會；有變動就有機會；大變動，大機會；小變動，小機會。

11. 股票市場，投資不難，投機不易。

12. 投資股票宜長，操作期貨應短。

13. 股票市場自有法則和機制，也自有調節供需機能；任何扭曲市場機能者，終必無法如願。

14. 股票市場有一隻看不見的手，那就是「趨勢」；趨勢代表市場利益傾向。

15. 趨勢猶如一股洪流，浩浩蕩蕩；違反趨勢者，終將被市場吞噬。

16. 投資市場，尋找機會，等待機會，把握機會。

17. 股市行情變幻莫測，切記！不先入為主，不預設立場。

18. 對股市行情「預設立場」！決策者！您已踏出錯誤的第一步！

19. 分析行情，猶如刑事辦案，有多少「數據」，說多少話。

20. 我是市場「老二」！我做市場的「追隨者」。

21. 該「做」沒做，不該「做」而做，都是投資者不可犯的錯誤。

22. 股票不會自己漲，自己跌，任何漲跌，都與人為有關。

23. 人為與天意是最不可預測的！股市亦然！

24. 股票市場是資本家的天堂，作手的舞台，投機者的賭場，散戶－－慘痛下場。

25. 股市行情漲漲跌跌，和兩個人有關，一是作手，一是主力。

26. 作手操控大盤，主力炒作個股。

27. 作手與主力，是行情的創造者、主導者和引導者。

28. 作手是股市常青樹，主力易翻船。

29. 沒有作手與主力，股市就如一灘死水。

30. 國有國法，家有家規；股票市場也一樣，是有法則規律的，它－－就是技術面。

31. 沒有作手，沒有主力，技術－－無用「論」。

32. 股票像灰塵，有人動它，它就飛起來。

33. 技術面之定義，就是原則，必須恪守。

34. 以技術面操作，在多空市場大環境中，應有不同定義，不可拘泥。

35. 要進入市場，請先了解市場；知己知彼，才能致勝。

36. 時代在變，潮流在變；環境在變，市場在變；作手多變，投資人－－應變。

37. 投資股票，只有買與賣，與股價無關。

38. 股票操作，只有趨勢，沒有長短線。

39. 股票無好與壞，會漲會跌，就是好股票。

40. 高檔定義：高低指標，RSI在80以上。

41. 低檔定義：高低指標，RSI在20以下。

42. 股價大突破之後，RSI指標常處於「高檔」，行情將進入強勢市場，不追高待拉回時作買。

43. 股價大跌破之後，RSI指標常處於「低檔」，行情將進入弱勢市場，不殺低待回彈時作空賣出。

44. 買進股票，要審慎精挑細選；賣出股票要果斷了結。

45. 大盤易懂，個股難料。

46. 股票市場不會永遠上漲，也不會永遠下跌；適時的買進或賣出，才是大贏家，股價終要回歸基本面。

47. 技術面出現超漲，應注意賣出訊號；技術面出現超跌，應注意買進訊號。

48. 起漲漲幅大，表示上檔空間大；起跌跌幅大，表示下檔空間大。

49. 投資股票，講究安全，考慮風險，風險愈低，則獲利機會愈高。

50. 股票只是籌碼，投資人應摒除成本觀念。

51. 轉折買賣點之判斷，以大盤為主。

52. 股票操作以技術面為主，有基本面者更佳。

53. 漲幅愈大，跌幅就大；跌幅愈大，反彈就大；盤整愈久，大行情才有。

54. 股價愈跌，投資價值愈高；股價愈漲，則投資價值愈低。

55. 股票市場，沒有專家，只有贏家和輸家。

56. 股票市場，多空皆可賺，唯有「死多頭」與「死空頭」，是市場永遠的輸家。

57. 不要與市場對作，市場永遠是對的。

58. 股價是市場決定的,所以應尊重市場。

59. 買賣股票,當知「轉折點」,才能掌握波段起漲與起跌點。

60. 股票市場,要有大行情,「價」、「量」、「時」,缺一不可。

61. 股票市場,不會在市場預期中上漲,也不會在市場預期中下跌;但會在悲觀中止跌,在樂觀中止漲。

62. 股價反應基本面,股價過低於此,自然會漲回;過高於此,也自然會跌回。

63. 買股票要著重基本面,基本面持續成長創高,股價也必反應攀高;基本面平平,股價表現就平平;反之,基本面持續虧損,股價也必向下反應。

大新解2-大盤操作定義

大盤定義

1. 大盤指引大方向，多空雙向可進場。

2. 了解大盤技術學理，可預知行情未來。

3. 現貨指數具指標作用；期貨指數具領先作用。

4. 股票操作，首要確認「漲跌趨勢」；趨勢清楚，操作自然得心應手。

5. RSI高低指標、KD轉折指標、MACD領先指標，合稱「操盤三大指標」。

6. 股價無高低，高低檔以指標數值為確認原則。

7. 技術操作，應以簡易為原則。

8. 股票操作，以「技術」為基礎；以「學理」作依據。

9. 指標操作以「數據」作依據；技術操作以「模式」為依歸。

10.「線圖」會說話，投資人！請您相信技術吧！

11.「數據化」與「模式化」，是投資者所必須建立的多空進出模式。

12.「模式操作買賣法」，是本書獨創且唯一之最大特色！凡所載之「買進、賣出」訊號，皆為多空進出模式。

13. 股票操作，必須指標與技術同步操作，既見樹又見林。

14. 技術面領先市場面、經濟面、基本面、消息面、心理面、籌碼面……。

15. 大盤就是大方向、就是大趨勢；是處於大多頭市場或長期大多頭市場？亦是處於大空頭市場或長期大空頭市場？是大多頭市場裡的上升波？下跌波？或整理波？是大空頭市場裡的上升波？下跌波？或盤整波？波段要清楚，多空要分明。

16. 股票買賣以大盤為參考依據，選股為最上，順勢操作為原則。

17. 多空方向既定，按學理操作，立場必須堅持；唯有堅持，才能穩當獲利。

18. 不懂「趨勢」，多空必無法掌握，個股將難以操作。

19. 買股票是買明天、買未來；不是現在，只能拉回作買，不可於盤中任意追價。

20. 懂得技術面操作，可知未來行情走向，多空可從容應對。

21. 在技術上，出現轉折買訊，則應注意逢回買進；反之，在技術上，出現轉折賣訊，則應注意逢高賣出。

22. 股票操作以技術面為主，依技術面多或空進場。

23. 投資股票以基本面為主，有業績的股票，股價才有支撐，也較易於表現。

24. 買股票可選擇流行熱門股，因它是市場認同的標的。

25. 多頭市場，要買熱門強勢股，有量表示有大戶進場；強勢股票，表示有大戶拉抬。

26. 空頭市場，要空暴量後量縮弱勢股，有量才有賣壓，量縮表示人氣退場。

27. 空頭市場，要空基本面差、成交量小弱勢股，量小表示大戶無意介入或無心作價的問題股。

28. 空頭市場作多股票，應適可而止，大戶逆勢操作強出頭，易招關切，招惹是非。

29. 多頭行情，遇利多反應加速；利空反應遲鈍。

30. 空頭行情，遇利多反應遲鈍；利空反應激烈。

31. 上升趨勢行進中，遇利空消息拉回，是買進加碼機會。

32. 下跌趨勢行進中，遇利空消息加速趕底，是再一次創造財富的大好機會。

33. 大盤是大門面,是家族的結合;類股是家族,個股是成員;若大盤方向趨上,則指數漲多跌少或漲的加數多,跌的加數少。

34. 大盤方向趨跌,則指數跌多漲少或跌的加數多,漲的加數少。

35. 技術上看漲不漲,就應看跌;看跌不跌,就應看漲;不漲不跌,盤旋待變,暫退市場。

36. 逆勢操作,吃力不討好,只是徒增困擾。

大新解 **3**-消息面定義

1. 股票市場走自己的路，不因外來因素而患得患失。

2. 不可聽信消息，消息面易失立場。

3. 利多消息－－害死人；利空消息－－嚇死人。

4. 消息面只會影響一時，不會改變趨勢。

5. 消息面對市場之影響程度－－一鼓作氣＞再而衰＞三而竭。

6. 上升行情，自有利多助漲；下跌行情，自有利空助跌。

7. 利多不漲，必有低價；利空不跌，還有高點。

8. 利多噴出，空頭就位；利空趕底，多頭進場時。

9. 該漲不漲，必有利空在後；該跌不跌，必有利多將至。

10. 上市（櫃）公司發佈〝財報預測〞，真假難辨，有待考驗，不可盡信。

11. 媒體與分析師，像運動場上的啦啦隊，漲時「看好」！跌時「叫衰」！

12. 媒體報導有如牆頭草，漲時－－錦上添花，加油添醋；跌時－－火上加油，落井下石。

13. 股市發燒行情，媒體報導進版面時，應注意賣出，上頭版時，則應賣出；反之，則應注意買進。

14. 投資股票靠自己，股市名嘴言論分析節目－－僅供參考！不代表本台立場！

15. 危機入市，富貴險中求。

16. 市場處於悲觀時，應考慮進場；處於樂觀時，應考慮出場。

大新解*4*-電腦參數設定

電腦技術指標參數設定：依本技術「限定設定」之參數設定之。

技術指標使用之種類不必多，以簡少為原則！

平均線設定

◉ 分K線均線組合定位：五分、十五分、三十分、六十分之K線均線組合
定位：6、10、30、288

◉ 日K線均線組合定位：6、10、30、72、144、288

◉ 週K線均線組合定位：6、13、26、52

◉ 月K線均線組合定位：6、12、24、120

◉ 平均價設定：收盤價平均

平均價分為：開盤價平均、最高價平均、最低價平均、收盤價平均、平均
價平均。

平均量設定

分時線、日線、週線、月線

全部：6、12

RSI指標設定

分時線、日線、週線、月線

全部：6、12

KD指標設定

分時線、日線、週線、月線

全部：9、9

MACD設定

分時線、日線、週線、月線

全部：12、26、9

心理線設定

分時線、日線、週線、月線

全部：6

大新解5-主力定義與操作手法

5-1 市場人士定義

◉ 市場投資人士－－公司派、資本家、金主、主力、內圍、外圍、法人、散戶。

◉ 公司派－－財團、大股東、董監事為市場最具財力者，對公司狀況、國際貿易、政府政策、產業榮枯、經濟景氣，訊息最為敏感；主要負責籌碼鎖定與供給，是市場上最大贏家。

◉ 金主－－負責提供資金予主力炒作之用，主力則將買進之股票籌碼作為質押；萬一炒作失敗，則兩敗俱傷，甚至拖累市場。

◉ 主力－－是市場「造市者」，俗稱「炒家」；專司活絡行情。

◉ 內圍－－主力親信，提供人頭戶，供主力炒作之用。

◉ 外圍－－為內圍的週遭人物，替主力及內圍於市場放佈消息予投資大眾。

◉ 法人－－指三大法人，外資、投信、自營商；漲時看好、跌時看壞，大進大出是其特色。

◉ 散戶－－為市場最大族群，追高殺低、聽信消息，是其特色，是市場最大輸家。

5-2 主力定義

◉ 主力－－廣義的主力，就是「作手」、「操盤手」或「控盤手」，作手主力操控大盤指數行情；狹義的主力，操作個股，專司炒作（也就我們

常在市場上所聽到××主力介入××股票）；總之，足以影響行情、主導漲跌者，統稱為「主力」。

◉ 主力－－如市場批發商、盤商，專司籌碼吸納與供給，操控價格。

◉ 主力－－永遠是對的！這是真理！

◉ 「價格」是市場決定的，主力操控價格，所以「價格」是主力決定的。

◉ 成功的操盤手－－多空兩面操作，股票、鈔票兩頭賺。

◉ 主力的幕後老闆－－財團、公司派、資本家。

◉ 主力－－是股市的靈魂人物。

◉ 主力－－是市場法則機制的制定者，扮演供給與需求角色。

◉ 主力－－是行情的始作俑者；漲是「他」，跌也是「他」。

◉ 主力－－是行情的主宰者，要了解市場，必先了解主力。

◉ 主力－－率先士卒，是市場行情發動者。

◉ 主力－－是市場籌碼供給與需求者；你棄他取，你要他給。

◉ 主力－－是行情的創造者、主導者和引導者！沒有主力，市場就如一灘死水。

◉ 主力－－良善主力，按基本面操作，反應公司價值；無良的主力，借機炒作，只顧自己利益！

◉ 主力－－之於市場，難免道德爭議！但，這是必要之惡！

◉ 要問行情？主力最明！。

◉ 主力難為－－作價、作量、作技術面…，還要滿足各家、各門、各派技術需求。

◉ 主力的職責－－「下單」、「喊盤」，為其主創造利益。

◉ 主力的任務－－「作價」決定市場價格；「作量」創造籌碼的流通性。

◉ 主力的諍言－－拉高只為「賣」；壓低只為「買」。

◉ 主力操盤－－只問價差，不計成本。

◉ 主力操盤－－不計成本；散戶錙銖必較。

- 主力操盤－－敵暗我明，敵明我暗；市場主動，我被動；市場被動，我主動。

- 主力操盤－－兩手策略，一手多單、一手空單、雙邊鎖單，製造行情、活絡市場、賺取價差。

- 主力操盤－－神出鬼沒，不動聲色，不留痕跡。

- 主力操盤－－多空雙向鎖單操作，不畏多空，穩賺不賠，此之所以不敗！

- 主力操盤－－反覆操作，來回沖銷、只賺不賠，無有套牢之虞。

- 主力操盤－－拉高，賣出持股，股票換鈔票；壓低，買回持股，鈔票換股票。

- 主力的帳戶－－狡兔三窟，人頭多多，到處都有。

- 主力的附庸－－內圍、外圍與散戶。

- 主力的跟隨者－－外資、投信、自營商、散戶。

- 主力的人脈－－廣三江通四海！

- 市場流通籌碼，主力最清楚；算算自己，了解他人。

- 技術面－－是主力的精心傑作；它－－就是「市場法則」。

- 市場造就主力，主力主宰市場；趨勢代表市場利益，故市場利益就是主力利益；違反市場利益者，必招敗。

- 主力動作大，振幅就大，成交量也大，價差也就大。

- 主力操盤三部曲－－養、套、殺。

5-3 主力的操盤手法

主力操盤手法，不外乎－－

一手股票一手鈔票；一手多頭一手空頭（現貨）；一邊掛單買，一邊掛單賣；自己買自己賣（誘多誘空製造成交量），手握多空雙向單（期貨）；作多空單拉高先回補，多單逢高再賣平；作空多單壓低先賣出，空單逢低再補平；先買先贏，先賣先賺；左手出右手進，甲戶買乙戶賣，甲戶賣乙戶買；今日買進今日賣（當日沖），今日買進明日賣（隔日沖），今日賣出今日買，今日賣出明日買；先進後出，先出後進；高進高出，高出高進，高進低出，高出低進，低進高出，低出低進，低進低出，大進大出，大出大進，小進小出，小出小進，不出不進，不進不出，只出不進，只進不出；先買後賣，先賣後買，高買高賣，高賣高買，高買低賣，高賣低買，低買高賣，低賣低買，低買低賣，只買不賣，只賣不買，買多賣少，買少賣多，不買不賣，不賣不買；拉高進貨，拉高出貨，壓低出貨，壓低進貨；邊進邊出，邊拉邊跑，邊跑邊出，邊出邊進；沿路拉抬沿路買，沿路殺出沿路賣；一路叫進，一路叫出；定價買進，定價賣出；市價買進，市價賣出；集中買進，集中賣出；分散買進，分散賣出；集中買進集中賣，集中賣出集中買，集中買進分散賣，集中賣出分散買，分散買進集中賣，分散賣出集中買，分散買進分散賣；大量買進，大量賣出，小量買進，小量賣出；大量買進大量出，大量買進小量出，大量賣出大量買，大量賣出小量買，小量買進大量賣，小量賣出大量買，小量買進小量賣，小量賣出小量買；大筆大單買，大筆大單賣；大筆小單買，大筆小單賣；小筆大單買，小筆大單賣；小筆小單買，小筆小單賣；聲東擊西，到處點火；四面包抄，全力拉抬；爾虞爾詐，虛張聲勢；點攻擊，線攻擊，面攻擊，全面攻擊；忽多忽空，忽空忽多；看漲不漲，看跌不跌；暴漲暴跌，暴跌暴漲；不漲不跌，兩面難為；你丟我撿，你棄我取，你要我給，再要

再給，搶要倒給；利用媒體，製造消息；誘多買進，多頭瘋狂；摜壓殺低，誘空賣出；市場恐慌，一價到底，照單全收，要你買單，反覆來回，週而復始，生生不息；若論輸贏，非我莫屬，穩賺不賠，捨我其誰…等的邊進邊出，抬高或摜壓行情，旁座觀望等炒作手法；當日沖、隔日沖，賺取價差，降低成本，抬高或打壓製造行情，借以達技術操作控盤目的。

大新解6-K線定義與買賣模式

6-1 K線的形成

K線就是指數、就是股價,是由開盤價、最高價、最低價、收盤價四價所構成(圖6-1-11)。

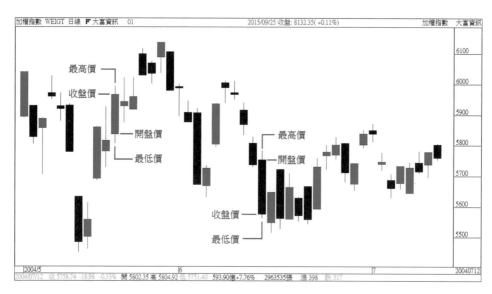

（圖 6-1-11）

◉ 開盤價:開盤後的第一筆成交價。

在日K線上,稱為「日開盤價」、在週K線上,為「週開盤價」、在月K線上,為「月開盤價」。

◉ 最高價:當日交易之盤中最高價位,也稱為「上影線」;在週K線上,為該「週最高價」;在月K線上,為該「月最高價」。

◉ 最低價：當日交易之盤中最低價位，也稱為「下影線」；在週K線上，
　為該「週最低價」；在月K線上，為該「月最低價」。

◉ 收盤價：當日交易之最後一筆成交價。
　在日K線上，稱為「日收盤價」、在週K線上，稱為「週收盤價」、在
　月K線上，稱為「月收盤價」。

6-2 認識K線

1. K線的種類稱謂

◉ 陽線：開高走高、開平走高或開低走高帶有上影線、帶下影線或同時均
　帶有上下影線者，稱為「陽線」（圖6-2-11）。

◉ 陰線：開高走低、開平走低或開低走低帶有上影線、帶下影線或同時均
　帶有上下影線者，稱為「陰線」（圖6-2-11）。

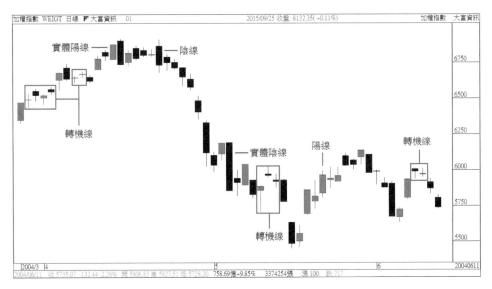

（圖 6-2-11）

◉ 實體陽線：開高走高、開平走高或開低走高，開盤價為最低價，收盤價為最高價者，稱為「實體陽線」（圖6-2-11）。

◉ 實體陰線：開高走低、開平走低或開低走低，開盤價為最高價，收盤價為最低價者，稱為「實體陰線」（圖6-2-11）。

◉ 十、┬、┴字線：開盤價與收盤價同價或幾近同價或影線明顯大於實體線者，稱為「轉機線」（圖6-2-11）。

2. K線的漲跌稱謂

◉ 開高（低）走高陽線收漲，稱為「紅線」、「陽漲紅線」、「全紅線」、「大紅線」、「長紅線」。

◉ 開低走高陽線收跌，稱為「陽線」、「陽跌線」。

◉ 開低走高陽線收平，稱為「陽線」、「陽平線」。

◉ 開高（低）走低陰線收跌，稱為「黑線」、「陰跌黑線」、「全黑線」、「大黑線」、「長黑線」。

◉ 開高走低陰線收漲，稱為「陰線」、「陰漲線」。

◉ 開高走低陰線收平，稱為「陰線」、「陰平線」。

6-3 技術K線的種類名稱

技術K線的種類有：1.常線；2.轉折線；3.轉機線。

1. 常　線

　　凡帶上下影線之K線，稱為「常線」、「平常線」或「一般線」，因在整體K線中，最常出現，故稱之；收「陽」稱為「陽常線」（圖6-3-11），收「陰」稱為「陰常線」；且其K線實體部分須顯著＞影線部份，在技術意義上並不影響行情「趨勢」。

　　陽常線為走高型K線，由於上影線小，表示多方買進者大致皆呈獲利狀態。

　　陰常線為走低型K線，由於下影線小，表示多方買進者大致皆呈套牢賠損狀態。

　　帶上下影線之K常線，表示多頭（或空頭）行情走勢持續換手進行中，因技術意義不大，故不作贅述。

（圖 6-3-11）

2. 轉折線

　　不論陽線或陰線，只要K線之一端不帶「影線」，就稱為「轉折線」。

　　轉折線包括－－陽轉折線、陰轉折線、轉機線、轉機轉折線。

　　陽轉折線包括－－陽雙線、陽低線、陽高線（圖6-3-21）。

　　陰轉折線包括－－陰雙線、陰高線、陰低線（圖6-3-21）。

◉ 陽雙線：K線之開盤價為最低價，收盤價為最高價之走高實體陽線，稱為「陽雙轉折線」，簡稱「陽雙線」。

◉ 陽高線：K線開高走高、開平走高或開低走高帶下影線，收盤價為最高價之陽線，稱為「陽高轉折線」，簡稱「陽高線」。

◉ 陽低線：K線開高走高、開平走高或開低走高帶上影線，開盤價為最低價之陽線，稱為「陽低轉折線」，簡稱「陽低線」。

◎ 陰雙線：K線之開盤價為最高價，收盤價為最低價之走低實體陰線，稱為「陰雙轉折線」，簡稱「陰雙線」。

◎ 陰高線：K線開高走低、開平走低或開低走低帶下影線，開盤價為最高價之陰線，稱為「陰高轉折線」，簡稱「陰高線」。

◎ 陰低線：K線開高走低、開平走低或開低走低帶上影線，收盤價為最低價之陰線，稱為「陰低轉折線」，簡稱「陰低線」。

（圖 6-3-21）

3. 轉機線

◎ 十、丁、⊥字轉機線，轉機線包括：①十字線；②T字線；③倒T字線，因開、收盤價之實體部份幾近同價，為多空力量趨近平衡的十字或丁字路口，如同汽車行駛來到此處必須暫停或轉向或進行橫向整理休息或替換換股操作，所以在技術解釋上，行情有出現轉機意味！轉機線視同「轉折線」。但在稱呼上為避免混淆我們仍然以「轉機線」稱之！（圖6-3-31）

◉ 轉機線之一端為「最高價（⊤字線）」或「最低價（⊥字線）」帶轉折線者，稱為「轉機轉折線」，如「陽高轉機轉折線」、「陽低轉機轉折線」、「陰高轉機轉折線」、「陰低轉機轉折線」。

◉ 任何型式的轉機線皆視可為「小K線」，包括「暴振轉機線」，在高檔區是「止漲不漲」訊號；在低檔區是「止跌不跌」訊號。

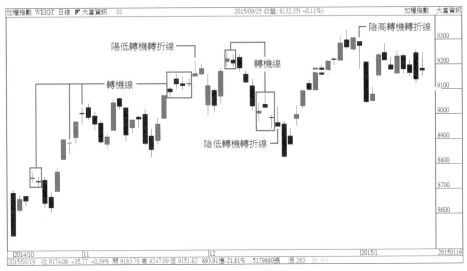

（圖 6-3-31）

4. 轉折線的原則例外

轉折線在短期日K線圖上，因市場追價或殺價造成意外而導致略帶些微點數價差，但須以肉眼目視可輕易辨識為「轉折線」者，大盤點數差在1或2點、個股價差在1至2個檔次的報價單位，屬於可容許接受的少有特殊例外，稱為「例外轉折線」！

6-4 轉折線技術意義與定義

由於台股在交易制度上有漲、跌停板限制，故以下「轉折線」技術意義與定義以大盤指數為主；個股主要以「大K線」與「小K線」作為轉折

線，但個股也適用。

在指數方面，當日K線漲、跌、振全幅≧2%或當週、當月之K線累計漲、跌、振全幅≧5%之暴漲、暴跌、暴振以上之K線，皆稱為「大K線」；日K線之漲、跌、振幅≦0.7%之小漲低漲、小跌低跌、小振低振以下者，稱為「小K線」。

轉機線與轉機轉折線之陽線或陰線實體部份振全幅≦0.7%以下時，視同「小K線」。

無論是「陽雙線、陽低線、陽高線、陰雙線、陰高線、陰低線、轉機線、轉機轉折線、大K線、小K線」，皆稱為「轉折線」。

凡遇「轉折線」，必需注意其行情轉折方向！

轉折線的最大意義是，反應主力的操作與市場的氣氛多空心態！

1. 陽雙線

全名為「陽線最低價開盤，最高價收盤轉折線」，為實體陽線，因其開、收盤價分別為最高價和最低價，雙價皆是「轉折線」，故稱為「陽雙轉折線」，簡稱「陽雙線」。

如行情跌到低檔區，是「止跌起漲」訊號；漲至高檔區，是「續漲漲盡」訊號！

低檔區「最低價開盤」，表示市場已出現「止跌、不跌」訊號；也就是市場主力在一開盤即以大單迅雷不及掩耳之勢奮力拉抬作價，迅速拉開價與開盤價之價差價距，待最後收盤時，再以大單橫掃敲進，一掃而空全力拉高，以當日「最高價收盤」是「起漲」訊號！此為主力的最後掃貨全力買進，後市看好，表示行情已出現「止跌不跌、突破、轉漲、起漲」訊號！

如行情已在高檔區「最低價開盤」是追價「續漲」訊號，表示市場多頭氣氛一片大好，空手已按奈不住、不敵連日漲勢誘惑，紛紛以市價進場全力加進、搶進，主力因勢利導順勢拉抬，並以當日陽高線「最高價收盤」，是「漲盡」訊號！

　　高檔區以「最高價收盤」之技術意義為－－表示之前所有多頭多單買進者皆處於獲利狀態，主力刻意營造多頭惜售氣氛，穩定投資人持股信心及維持後續漲勢以利出貨！

　　「陽雙線」（圖6-4-11）技術意義上具有－－

◉ 當行情處於波段下跌低檔處，出現「陽雙線」，其技術意義為，「最低價開盤」，表示一開盤主力出手快速向上拉抬，是低價不再的「止跌不跌」訊號；最高價收盤表示，主力宣示作多心態，是「突破、轉漲、攻擊、起漲」訊號！是「止跌起漲」訊號！如在波段上升行情行進中，出現「常線」時，「上影線」表示「當沖、獲利、放空」之賣壓仍維持有效疏解，多空換手持續，仍有高價可期，所謂「空頭不死，漲勢不止」！下影線部份，可不予理會！

◉ 在波段上升行情行進中，出現「陽雙線」，在技術上是「止漲、拉回、突破、轉漲、續漲、替換（波段轉換或換股操作）」訊號！

◉ 在波段高檔噴出行情，出現「陽雙線」，最低價開盤表示投資入已出現非理智的追價「續漲」行為；最高價收盤表示該進場的都已進場、該買進的都已進場買進的「漲盡竭盡」之漲無可漲抵頂轉折訊號！

◉ 在整理波或盤整波之一紅一黑、一陽一陰、一漲一跌或區間整理行進中，出現「陽雙線」，在技術上是「突破、起漲、續漲、漲盡竭盡、止漲、不漲、替換」訊號！

2. 陽高線

　　全名為「陽線最高價收盤轉折線」，為最高價收盤陽線帶下影線之K線，又稱「陽高轉折線」，簡稱「陽高線」（圖6-4-11）；在技術意義上具有－－

　　展現主力作多心態，雖於盤中遭市場獲利賣壓壓回而留下影線，但收盤仍以最高價收盤，意在告訴投資人作多不變，後市仍有高價可期。

◎ 如行情處於波段下跌低檔處,下影部份表示殺低再轉上的「轉漲」訊號!最高價部份表示追價買盤強勁的「起漲」訊號!出現「陽高線」,在技術上是「止跌、不跌、突破、轉漲、攻擊、起漲」訊號!

◎ 在波段上升行情行進中,出現「陽高線」,在技術上是「止漲、拉回、突破、轉強、續漲、替換、攻擊」訊號!在下跌行進中,則是「反彈、彈盡」訊號!

◎ 在波段上升高檔噴出行情,出現「陽高線」,在技術上是「漲盡」訊號!

3. 陽低線

全名為「陽線最低價開盤轉折線」,為最低價開盤陽線帶上影線之K線,又稱「陽低轉折線」,簡稱「陽低線」(圖6-4-11);在技術意義上具有——

短期低價不再,行情仍將攀高,但上影線似乎暗示著後市行情雖可期待,但也似乎有有力人士暗中施壓,默默出脫持股(視影線大小)。

◎ 如行情處於波段下跌低檔處,出現「陽低線」,其技術意義為最低價開盤,為「止跌、不跌」訊號;陽線帶上影線部份為「轉漲」訊號!是「止跌轉漲」訊號!

◎ 在波段上升行情行進中,出現「陽低線」,在技術上是「止跌、突破、續漲、替換、轉漲」訊號!

◎ 在波段高檔區,出現「陽低線」,在技術上是「續漲、轉熱」訊號!

4. 陰雙線

全名為「陰線最高價開盤、最低價收盤」轉折線,為實體陰線,又稱「陰雙轉折線」,簡稱「陰雙線」;如在高檔是「止漲、起跌」訊號(圖6-4-11)!「最高價開盤」部份是「止漲不漲」訊號!表示主力在一開盤即以迅雷不及掩耳之勢大力灌壓,迅速壓低價與開盤價之價差價距,主力「壓低出貨」至為明顯;「最低價收盤」部份,表示主力在尾盤收盤時,

仍以大單不計價殺出的「大出貨大倒貨」手法，導致行情以「最低價收盤」是「起跌」訊號！

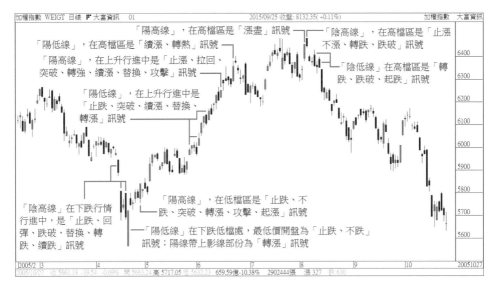

（6-4-11 大盤日線圖）

　　如在低檔區是「續跌、跌盡」訊號！最高價部份，是「續跌」訊號（圖6-4-12）！表示多頭已出現信心潰敗，或因利空空頭得意，賣空、加空、解套、停損、斷頭賣壓爭相殺出，如洪流般渲瀉而下，待收盤時主力借力使力再加補賣出，以大單一筆全力灌壓，以先賣先贏、先賣後買，將股價指數壓制至「最低價收盤」，是「跌盡」訊號！表示空頭力量已全力使盡的「跌盡竭盡」訊號！借以營造、瀰漫空頭悲觀氣氛，誘使空頭與不耐虧損的投資人看空、不耐而持續拋售持股，以利後市壓低進貨並做最後的浮額清理。

　　如在波段下跌行情行進中，出現「常線」時，「下影線」表示「當沖、搶短、低接、回補」之短多買盤仍在，多空換手持續，仍有低價可期，所謂「多頭不死，跌勢不止」！上影線部份，可不予理會！

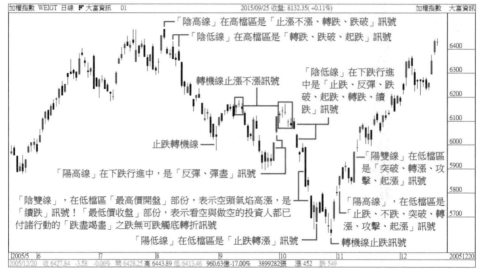

（6-4-12 大盤日線圖）

其技術意義上具有－－

◉ 如行情處於波段連續下跌低檔處，出現「陰雙線」，在技術上「最高價開盤」部份，表示空頭氣焰高漲，是「續跌」訊號！「最低價收盤」部份，表示看空與做空的投資人都已付諸行動的「跌盡竭盡」之跌無可跌觸底轉折訊號！

◉ 如在波段下跌行情行進中，出現「陰雙線」，在技術上是「止跌、回彈、跌破、轉跌、續跌、替換、起跌」訊號！

◉ 在波段上升高檔噴出行情，出現「陰雙線」，在技術上是行情大逆轉之「止漲、不漲、轉跌、起跌」訊號！

5. 陰高線

全名為「陰線最高價開盤轉折線」，為最高價開盤陰線帶下影線之K線，又稱「陰高轉折線」，簡稱「陰高線」（圖6-4-12），在技術意義上具有－－

盤勢一開，賣壓隨即湧現，表示市場已出現恐慌賣出現象，形成開盤價即是最高價。

◉ 如行情處於波段連續下跌低檔處，出現「陰高線」之「最高價開盤」部份，是「悲觀續跌」訊號；「下影線」部份，表示有逢低買盤承接，是「轉跌續跌」訊號！

◉ 在波段下跌行情行進中，出現「陰高線」，在技術上是「止跌、回彈、跌破、替換、轉跌、續跌」訊號！

◉ 在波段上升高檔或噴出急漲行情，出現「陰高線」，在技術上是「止漲不漲、轉跌、跌破」訊號！

6.陰低線

全名為「陰線最低價收盤轉折線」，為最低價收盤陰線帶上影線之K線，稱為「陰低轉折線」，簡稱「陰低線」（圖6-4-13）；在技術意義上具有－－

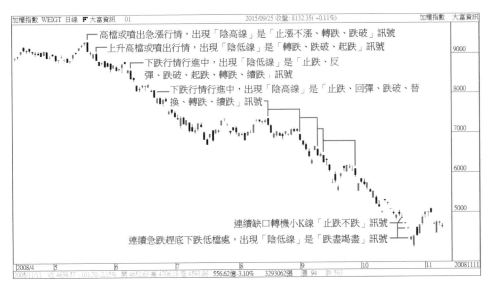

（6-4-13 大盤日線圖）

　　空方或許不耐久盤，或因消息面利空罩頂，致空頭於尾盤瘋狂殺出，導致K線以陰低線，當日最低價收盤。

◎ 如行情處於波段連續急跌趕底下跌低檔處，出現「陰低線」之上影線部份，表示有逢低買盤介入承接之轉跌轉折意義（在市場極度悲觀時，敢於進場大量承接者，必非等閒之輩）；最低價部份，表示不堪賠損的都已認賠出場，在技術上是「跌盡竭盡」訊號！

◎ 在波段下跌行情行進中，出現「陰低線」，在技術上是「止跌、反彈、跌破、起跌、轉跌、續跌」訊號！在上升行進中，則是「拉回回盡」訊號！

◎ 在波段連續上升高檔或噴出行情，出現「陰低線」，表示在市場一片叫好聲中，仍能引領市場灌壓至最低價收盤，可見此人亦非等閒！在技術上是「轉跌、跌破、起跌」訊號！

7. 轉機線與轉機轉折線

◎ 所謂「轉機線」是指：凡該K線之影線部份＞實體K線者，皆稱為「轉機線」。

◎ 轉機線之一端為最高價或最低價者，稱為「轉機轉折線」或「轉折轉機線」。

◎ 轉機線與轉機轉折線，視同「轉折線」。

◎ 十、┬、┴之轉機線與轉機轉折線，在技術上是「止漲、不漲、拉回、回彈、續漲、續跌、止跌、不跌」訊號！因具技術變盤意義，故也稱為「變盤線」。

◎ 轉機線與轉機轉折線，以振全幅或實體部分計算，視同小K線（不計影線），同漲、跌幅。

◎ 就K線言，轉機陰線振全幅≧2%以上者，視為大振大跌大K線跌幅大；轉機陽線振全幅≧2%以上者，視為大振大漲大K線漲幅大，稱為「大轉機大K線」。

◉ 「大轉機大K線」在高檔區，大振表示「價不穩」振盪出貨；在低檔區，大振表示「振盪洗盤」清洗浮額。

◉ 就K線言，振全幅大，實體K線小≦0.7%（或整幅占比小），稱為「大轉機小K線」。

◉ 「大轉機小K線」在高檔區，大振表示「價不穩」；實體小K線，表示「止漲不漲」。

◉ 「大轉機小K線」在低檔區，大振表示「振盪洗盤、浮額清洗」；實體小K線表示「止跌不跌」。

◉ 就K線言，振全幅小≦0.7%，實體K線也小之轉機線，稱為「轉機小K線」。

◉ 「轉機小K線」在高檔區，表示行情已出現強大壓力，是「止漲不漲」賣出訊號；在低檔區，表示行情已出現殺低無力或低檔接手強勁，是「止跌不跌」買進訊號（圖6-4-14）。

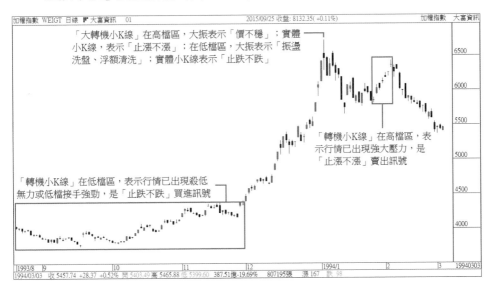

（6-4-14 大盤日線圖）

6-5 漲跌點數與漲跌幅釋義

◎ 漲幅跌幅與振幅，攸關行情之有無！

◎ 無論指數或個股，凡日K線之「漲、跌、振幅≧2%以上者，皆稱為「大K線」；「漲、跌、振幅介於0.7%～2%（不含）之間者，稱為「中K線」；「漲、跌、振幅在0.7%以下，稱為「小K線」。

◎ 「漲、跌點數」，在技術上不具意義，應以「漲、跌、振幅」做為操作標準依據。

◎ 股價走勢三向－－漲升、跌降與整理。

◎ 股價漲升突破時必須大漲以上漲幅大，也就是說「漲升時，必須大張旗鼓、昭告天下」，漲幅大才能吸引眼明投資者投入；反之，跌破則不在此限，反而是低調、偃旗息鼓、不聲不響、無聲無息、默默的往下跌降，當投資人驚覺時，已大嘆措手、後悔反應不及！除非有爆炸性利空，但通常消息利空導致的跌幅大，是竭盡的趕底現象。

◎ 在技術上，股市若要有大行情開展，則漲、跌、振幅需達2%以上之大漲大跌大振、巨漲巨跌巨振、暴漲暴跌暴振等…「大K線」或0.7%以下小漲小跌小振（也稱為低漲、低跌、低振）、緩漲緩跌緩振、微漲微跌微振、平漲平跌平振等…「小K線」，且其突破或跌破K線須是轉折線，在技術上可靠性更高。

◎ 在技術上，暴漲、暴跌、暴振以上之「常大K線」，視同「轉折線」，可不須是「轉折線」。

在股票市場上，我們常會在媒體報導上聽到、看到，今天股價加權指數「大漲」XXX點，聽在投資人耳裡，當然樂在心理；若連續大漲幾天，謠言便滿天飛舞，投資人更是口耳相傳，聽說要漲破1萬XXXX點，也就是說，當日只要漲個百點，媒體千篇一律報以「大漲」訊息；身為投資人，除了歡喜、高興之外，持股更加堅定，加碼更具信心，更別談獲利了結之事，總之！抱得越久賺得越多！是真的嗎？

其實漲跌點數是沒有意義的！「漲、跌、振幅」才具有技術意義，因為它是實際的；比如說：1994年元月5日，行情從1993年11月29日大突破起算，已上漲一個月，當日出現「暴漲」346點，漲幅5.70%，市場已出現噴出（媒體照樣以「大漲」報導），如此大的漲幅，行情揭示板上之個股，幾乎有3/2漲停鎖死，上升行情末端出現噴出「暴漲」，正是賣股時候，可別再聽信「大漲」之類詞彙，由此可見，「漲、跌、振幅」之意義是多麼重要，投資人應避免誤導（圖6-5-1）。

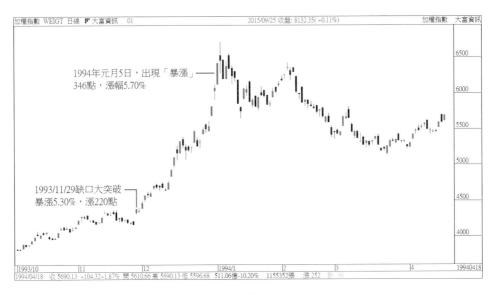

（6-5-1 大盤日線圖）

漲、跌幅與振幅在技術上為：當股價指數由低檔突破起漲起始，漲幅與振幅大幅擴大，表示大戶極力拉抬作價，吸引投資買盤進場，多空大幅積極換手，所謂「股市連漲三日，投資人不請自來」，道理在此。

可是當投資人大量投入之後，出現暴量「暴漲」或暴量暴振「小漲低漲」或暴量「小振低振」，顯然危機已現！前者「暴量暴振」表示籌碼極度不安，後者表示有大戶在高檔大量供給籌碼。

當行情處於回檔或回整起跌，初期跌幅加大，後愈跌愈縮、漸跌漸縮，表示價與籌碼逐漸趨於穩定，投資人已不再殺低，多頭即將起。

多頭漲升市場，漲勢初期、中期至末期，漲幅與振幅以暴漲暴振、巨漲巨振、大漲大振、中漲中振、小漲小振而至微漲微振、平漲平振，表示多頭市場由熱絡漸趨平淡、由盛況漸趨沒落、籌碼由交投活絡轉為清淡、人氣由沸騰轉為觀望，支撐由強漸弱，多頭由主動漸轉為被動，空頭壓力漸增，此為多頭退場時。

空頭跌降市場由跌破起始，跌幅振幅大幅擴大，表示跌破賣壓停損出籠，大戶改採向下灌壓操作，以誘使套牢者賣出持股，低接買盤被迫持有。

當行情處於反彈或彈整起漲，初期漲幅振幅加大，後愈漲愈縮、漸漲見縮，表示投資人搶反彈及解套心態濃厚，短線短打操作，價與籌碼尚處凌亂不安階段。

空頭市場，跌勢初期、中期至末期，跌幅與振幅以巨跌巨振、大跌大振、中跌中振、小跌小振而至微跌微振、平跌平振，表示空頭市場投資人，由懷疑轉為悲觀、多頭持有轉為伺機解套、由搶短變成短套轉為長套、由長套轉為被迫持有、價量由不安漸趨穩定，致成交價格由大幅振盪轉為幾乎躺平如死水一般，投資人逐漸遠離市場，交投日益低迷，營業廳客椅出奇冷清，處處可見投資人坐椅睡大覺，此表示價量穩定，為多頭進場時機。

1. 飆漲飆振與暴漲暴振（大長紅大K線）定義與使用

◎ 個股三日內或大盤週或月K漲振全幅≧20%者，稱為「飆漲飆振大K線」。

◎ 「急漲」是賣出訊號！「飆漲」，視同急漲！「飆漲」突破不回，應注意漲勢一氣漲到底。

◉ 「急漲」，表示大盤指數或個股股價於盤中多個檔次價位直接跳檔跳價跳空未有成交交易；「飆漲」，通常表示個股股價「漲停一價」到底或「漲停連三陽」。

◉ 「飆漲飆振大K線」，視同轉折線，應注意「賣出或買進」時機！

◉ 就指數言，當日漲振全幅 ≧ 5%以上，稱為「暴漲暴振大K線」（圖6-5-11）。

◉ 「暴漲暴振」是當然「轉折線」，稱為「暴漲轉折線」，為轉折訊號。

◉ 行情低檔，出現「暴漲」，是跌盡、止跌轉漲買進訊號。

◉ 行情高檔，出現「暴漲」，是漲盡竭盡賣出訊號。

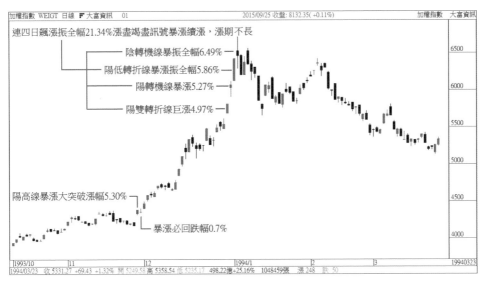

（6-5-11 大盤日線圖）

◉ 「暴漲」突破，其走勢既快且急為暴漲巨漲行情，股價漲多跌少、K線陽多陰少。

◉ 指數「暴漲必回」，暴漲為當日行情出現追買積極一股難求，其意義表示，當日行情買氣過熱、幾乎漲盡，已是「漲無可漲」的地步，次日轉向拉回機率就大。

◉ 暴漲必造成指標過熱，正乖離過大，故「暴漲必回」；個股例外。

◉ 暴漲續漲，漲期不長。

2. 飆跌飆振與暴跌暴振（大長黑線）定義與使用

◉ 個股三日內或週或月K線跌振全幅≧20%者，稱為「飆跌飆振大K線」。

◉ 「急跌」是買進訊號！「飆跌」，視同急跌（地雷股除外）！「飆跌」跌破不回，應注意跌勢一氣跌到底。

◉ 「飆跌飆振大K線」，視同轉折線，應注意「買進或賣出」時機！

◉ 當日跌振全幅達≧5%以上，稱為「暴跌暴振大長黑大K線」。

◉ 「暴跌必彈」，暴跌三日內必彈；暴跌為當日行情出現恐慌追殺；其意義表示，投資人斷頭求售無門，顯然當日行情已經跌盡，已達「跌無可跌」的地步，該賣想賣的投資人，都已掛出排隊等候！此現象通常為利空趕底或融資斷頭時，當融資斷頭賣盡跌盡後，賣壓就不復存在，行情只有轉向回彈。

◉ 「暴跌」將導致指標或均線負乖離過大，故「暴跌必彈」。

◉ 會出現「暴跌」因素，通常伴隨利空或波段下跌趕底、低檔滿足。

◉ 「暴跌」若出現「轉折線」，稱為「暴跌轉折」。

◉ 下跌波段低檔出現「暴跌」，為波段結束跌盡竭盡訊號！

◉ 暴跌續跌，跌期不長。

◉ 個股因基本面出現嚴重虧損、巨大變動者，除外！

　　1994/10/08當日暴跌6.13%，出現「陰雙線轉折」、雙十節「時間波轉折」利空趕底（宏福集團跳票違約交割），次交易日1994/10/11出現觸底強勁反彈，最低指數5916.39（圖6-5-21）。

　　當行情處於上升波段行進中，出現「暴跌大長黑」，必現回彈修正，暴跌必彈（圖示6-5-22）。

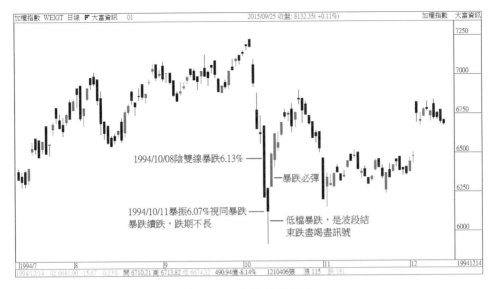

（6-5-21 大盤日線圖）

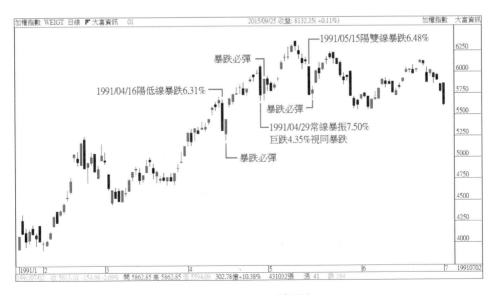

（6-5-22 大盤日線圖）

3. 巨漲巨振（長紅大K線）定義與使用

◎ 當日漲振全幅達3~5%（不含5）者，稱為「巨漲長紅大K線」。

◎ 「巨漲長紅」帶轉折線者，稱為「巨漲轉折」，為轉折訊號。

◎ 連續「巨漲」，視同暴漲。

◎ 大多頭漲升市場「大突破大轉折大買點」，需以轉折線「巨漲」以上，才算有效成立（圖6-5-32）。

◎ 「巨漲」突破，其走勢為大漲巨漲行情，股價漲多跌少、K線陽多陰少。

◎ 上升波段高檔，出現「巨漲轉折」或「連續巨漲」，為行情即將漲盡訊號，應注意賣出時機（圖6-5-32）。

　　當下跌波末端出現「缺口轉折」、「指標轉多轉折」、「陰雙線轉折」、「陰低線轉折」、「轉機線轉折」、或「陽雙線轉折」、「陽高線轉折」、「陽低線轉折」等轉折線，為觸底轉折訊號；若出現「巨漲長紅線」，為下跌波段結束，短期底部確立（圖6-5-31）。

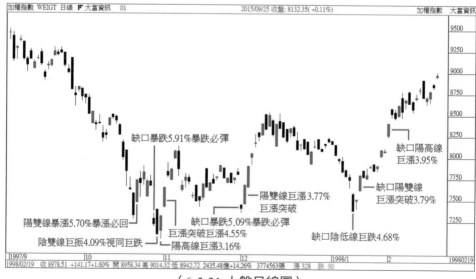

（6-5-31 大盤日線圖）

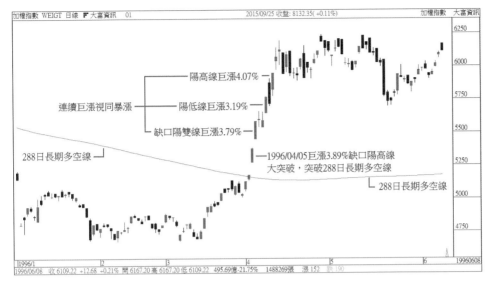

（6-5-32 大盤日線圖）

4. 巨跌巨振（長黑大K線）定義與使用

◉ 當日跌振全幅達3~5%（不含5）者，稱為「巨跌長黑線」。

◉ 「巨跌轉折」，帶轉折線者，稱為「巨跌轉折」，為轉折訊號！

◉ 連續「巨跌」，視同暴跌。

◉ 當下跌波末端出現巨跌長黑線「缺口轉折」、「指標轉多轉折」、「陰雙線轉折」、「陰低線轉折」或「轉機線轉折」，為波段低點滿足，觸底反彈訊號。

◉ 「巨跌長黑線」，若出現於大跌破，為有效跌破，大跌破確立。

◉ 「巨跌」跌破，其走勢為大跌巨跌行情，股價跌多漲少、K線陰多陽少。

◉ 上升波段高檔，若出現缺口轉折、指標轉空轉折、陽雙線轉折、陽高線轉折或轉機線轉折後，出現「巨跌長黑線」，為上升波段結束止漲起跌訊號（圖6-5-41）！

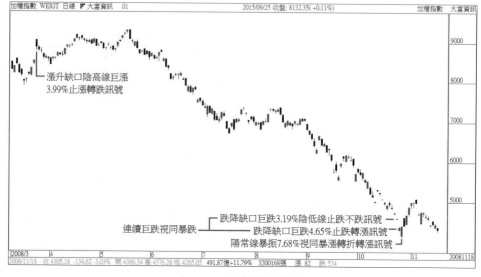

（6-5-41 **大盤日線圖**）

5. 大漲大振（大紅大K線）定義與使用

◉ 當日漲振全幅達2~3%（不含3）者，稱為「大漲大紅大K線」。

◉ 無論指數或個股，其突破漲幅皆必需是大漲≧2%以上。

◉ 「大漲」突破，帶轉折線者，稱為「大漲轉折」，為轉折訊號（圖6-5-51）。

◉ 整理區區間整理走勢以小漲小跌小振（低漲低跌低振）、微漲微跌微振、平漲平跌平振為主，當出現「大漲、大跌、大振」時，必現拉回、回檔或回彈、反彈（圖6-5-51）。

◉ 整理區轉為漲升波段，突破需以「大漲」以上或「大漲」拉回站穩三日以上，方為有效突破（圖6-5-52）。

6. 大跌大振（大黑大K線）定義與使用

◉ 當日跌振全幅達2~3%（不含3）者，稱為「大跌大振大黑大K線」。

◉ 跌破可不須跌幅限制，但若帶轉折線者，在技術上更為可靠有效（圖6-5-61）。

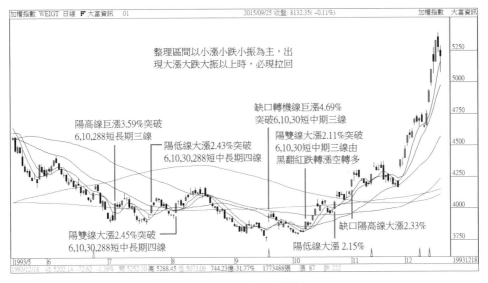

（6-5-51 大盤日線圖）

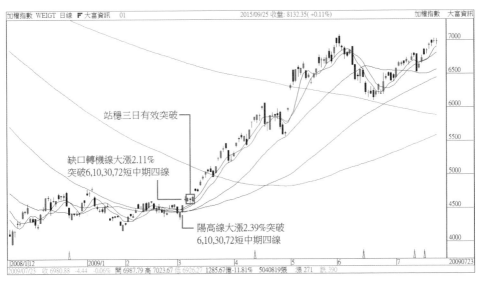

（6-5-52 大盤日線圖）

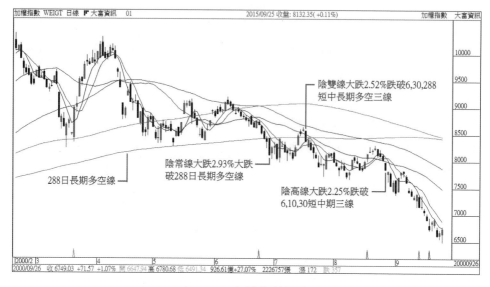

（6-5-61 大盤指數圖）

7. 中漲、中跌、中振中K線定義與使用

◉ 中K線在走勢三向中，屬常態K線，為漲升、跌降或整理盤整持續，對波段轉折較不具技術意義，如「常線」般，對趨勢影響小！

◉ 當日漲振幅達0.7~2%（兩不含）者，稱為「中漲中振中紅中K線」。

◉ 當日跌振全幅達0.7~2%（兩不含）者，稱為「中跌中振中黑中K線」。

◉ 當日振幅達0.7~2%（兩不含）者，稱為「中振」；如收小漲，則稱「中振小漲小K線或中振小漲中K線」餘類推⋯。

◉ 在小量小漲小跌小振的緩漲盤漲盤堅行情中，以「小漲小紅、中漲中紅」漲升走勢，出現「大漲大紅」大K線時，表示急漲漲升，將出現大漲拉回、回檔或漲盡竭盡；在「小跌小黑、中跌中黑」的緩跌盤跌盤軟跌降走勢中，出現「大跌大黑」大K線時，表示急跌跌降，將出現跌多回彈、反彈或跌盡竭盡！（圖6-5-71）。

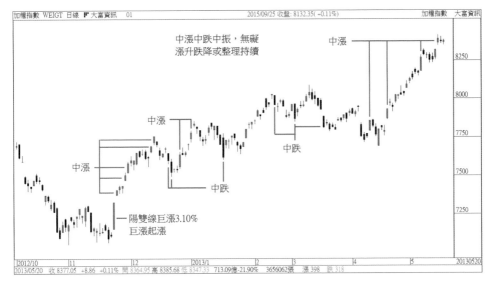

（6-5-71 大盤指數圖）

8. 小漲微漲平漲、小跌微跌平跌、小振微振平振定義與使用

◎ 當日漲、跌、振全幅或實體線在0.7%（含）以下，稱為「小漲」、「小跌」、「小振」，亦稱為「低漲」、「低跌」、「低振」（以下均以小漲、小跌、小振稱之）；是市場進入低檔的價量穩定或高檔不漲之意。盤漲盤堅驚驚漲行情，亦稱為「小漲緩漲低漲行情；盤跌盤軟緩跌行情，或稱為「小跌緩跌低跌行情」。

◎ 當日漲、跌、振全幅或實體線在0.3%（含）以下，稱為「微漲」、「微跌」、「微振」是「緩漲」、「緩跌」、「緩振」之意。

◎ 當日漲、跌、振全幅或實體線在0.1%（含）以下，稱為「平漲」、「平跌」、「平振」是「不漲」、「不跌」之意。

◎ 小、微、平之漲跌振幅K線，統稱之為「小K線」，是「止漲不漲」、「止跌不跌」或「接續替換」訊號，同時也必伴隨小量低量。

◎ 小漲緩漲盤堅盤漲高檔區出現連續「小漲小跌、微漲微跌或平漲平跌」

小K線或缺口小K線，表示行情已出現漲無可漲的止漲不漲訊號，若出現「大量小K線」時，是大量不漲訊號，在行情再漲有限的情況下，應注意賣出（圖6-5-81）；若小跌緩跌盤跌盤軟走勢於波段低檔區，出現連續「小漲小跌、微漲微跌或平漲平跌」小K線或缺口小K線時，表示行情已出現跌無可跌的止跌不跌訊號，在行情再跌有限的情況下，應注意買進（圖6-5-82）。

◉ 緩漲盤堅盤漲「小漲小跌、微漲微跌、平漲平跌」小K線，出現於高檔整理區，必伴隨「小量低量」，高檔小量低量，表示人氣漸退，若出現量增價不漲，要賣（圖6-5-83）；緩跌盤跌盤軟「小漲小跌、微漲微跌、平漲平跌」小K線，出現於低檔盤整整理區，表示低檔小量低量，籌碼安定，若出現量增價不跌，要買（圖6-5-84）。

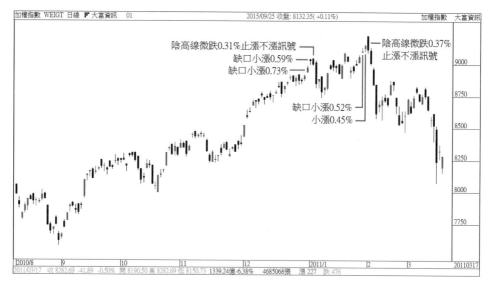

（6-5-81 大盤日線圖）

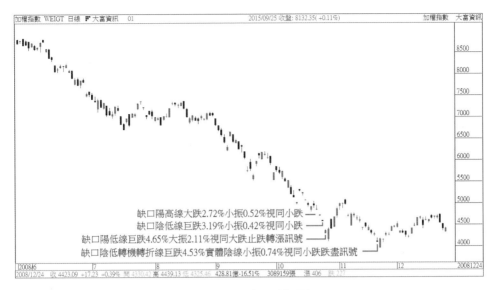

（6-5-82 大盤日線圖）

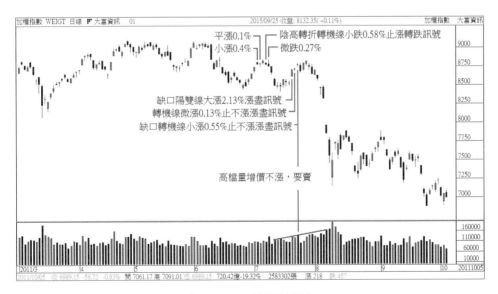

（6-5-83 大盤日線圖）

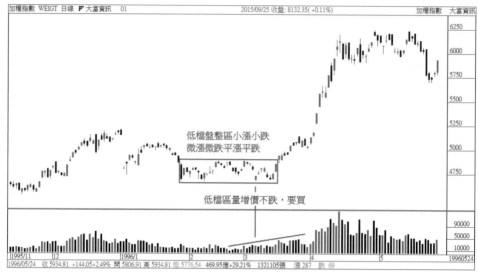

（6-5-84 大盤日線圖）

◉ 在漲升行情，出現大漲巨漲或暴漲後，出現「暴量大振、巨振、暴振小
K線」漲盡止漲不漲訊號時，表示高檔已出現多空分歧、賣壓加重、短
線利差縮小，漲升行情將落幕前兆（圖6-5-85）；或在跌降行情，出現
大跌、巨跌、暴跌或缺口小K線後成交量邊縮時，表示低檔賣壓已因短
期跌幅過大且深而不願認賠殺出，顯然賣壓已被默默承接，獲得疏解，
此為跌盡止跌不跌訊號，漲升或反彈行情即將開展（圖6-5-86）。

9. 振幅定義

振幅視同漲跌幅，操作上亦同（圖例同上）。

◉ 當日振幅達5%（含）以上者，稱為「暴振大K線」。

◉ 當日振幅達3~5%（不含5）者，稱為「巨振大K線」。

◉ 當日振幅達2~3%（不含3）者，稱為「大振大K線」。

◉ 當日振幅達0.7~2%（兩不含）者，稱為「中振中K線」。

◉ 當日振幅達0.7%（含）以下者，稱為「小振小K線」。

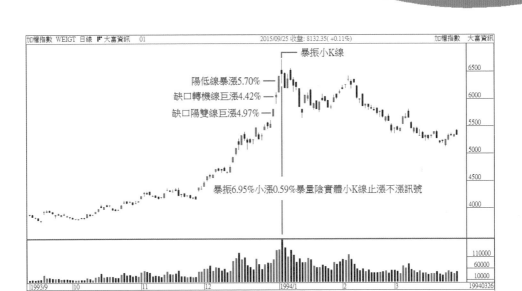

（6-5-85 大盤日線圖）

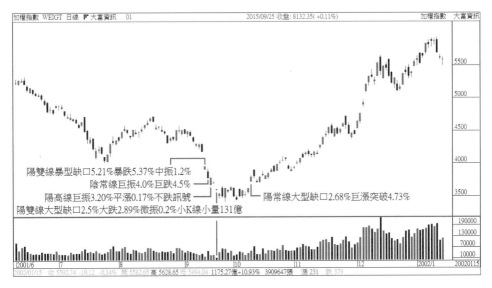

（6-5-86 大盤日線圖）

◎ 當日振幅0.3%（含）以下，稱為「微振小K線」。

◎ 當日振幅0.1%（含）以下，稱為「平振小K線」。

◎ 「暴振」視同「暴漲、暴跌」，稱為「暴振轉折」；「暴振轉折」可不須是轉折線。

◎ 高檔區出現「暴振」是賣出訊號；低檔區出現「暴振」是買進訊號。

◎ 連續巨振，視同「暴振」。

◎ 「小振」、「微振」、「平振」小K線，出現於波段高檔區，表示振幅縮減賣壓沉重，是「緩漲、止漲、不漲」訊號！行情已經漲不動了，要注意賣出；若出現於波段低檔區，表示觀望者眾賣壓已輕，是「緩跌、止跌、不跌」訊號！跌無可跌，行情已經跌不下去了，要注意買進。

◎ 高檔整理區連續出現「小振」、「微振」、「平振」小K線，要注意賣出；出現於低檔盤整整理區，要注意買進。

◎ 暴振大K線與小振小K線非轉折線，仍具技術意義，不可不知！暴振轉折線，稱為「暴振轉折」；小振轉折線，稱為「小振轉折」。

◎ 小振、小漲、小跌、微振、微漲、微跌、平振、平漲、平跌技術義意視為「緩漲」、「止漲」、「不漲」或「緩跌」、「止跌」、「不跌」；出現上述現象，應注意買進或賣出。

10. 振幅釋義

◎ 漲升行情波段高檔，出現「暴振」或「連續暴振」，表示大戶採劇烈振盪大量出貨，不論暴振暴漲、暴振暴跌或暴振轉機線，必現「暴量」，此為「價量不穩」危險訊號，應注意賣出。

◎ 跌降行情波段低檔，出現「暴振」或「連續暴振」，表示大戶採劇烈振盪洗盤，大量進貨，低價無多，應逢低買進。

◎ 高檔小振出現大量，表示量大不漲，應注意賣出；低檔小振出現量大，表示量大不跌，應注意買進。

◉ 漲升波段行進中，遇偶發性利空，出現「小振」或「暴跌小振」量小，表示「價穩量縮」，可不必驚慌，空手者應趁機買進。

◉ 漲升波段高檔整理，出現「連續小振」橫向區間整理，表示大戶已無意作價逐步退出市場，此為高檔久盤必跌，應注賣出。

◉ 跌降波低檔盤整整理波，出現「連續小振」橫向區間整理，表示投資人因受大空頭洗禮，災情慘重，已無心戀戰市場，此為籌碼沉澱「價穩量縮」，此為低檔久盤必漲，正是進場大好時機，應買進持股，迎接漲升行情。

◉ 漲升行情初始，振幅擴大，表示籌碼換手積極，成交量必隨之擴增，漲勢可期。

◉ 漲升波段高檔，振幅大幅擴大，表示行情已獲市場認同，則漲勢將盡，應注意賣出。

◉ 空頭下跌波段起始，振幅擴大，表示獲利者或警覺性高者急於了結，不惜以市價殺出，應立即賣出。

◉ 空頭下跌波段行進中，振幅擴大，表示投資人不堪套牢虧損，出現恐慌性出場，應注意買進。

◉ 振幅在多頭漲升市場出現大突破，突破288日長期多空壓力線，大回升起始，漲振幅明顯擴大，表示籌碼換手轉趨積極，大戶作價明顯，抬高行情，應立即買進。

◉ 振幅在多頭市場回檔、回整低檔，出現振幅明顯縮小，表示籌碼穩定，大戶並未看淡後市，應注意買進。

◉ 振幅在大空頭市場大跌破，跌破288日長期多空支撐線，大回跌起始，跌振幅加大，表示跌破停損賣壓出籠，應採空單持股。

◉ 振幅在大空頭市場，反彈、彈整、中期反彈、中期彈整初期，出現觸底強勁反彈，振幅大幅擴大，表示市場搶反彈者眾，大戶採急拉股價，吸引投資人搶進，此為「短多」行情，應伺機賣出。

◉ 振幅在大空頭市場盤整波，彈整、中期彈整末端，振幅明顯縮小，表示市場搶反彈者漸退，盤整行情即將結束。

◉ 振幅在大空頭市場，回跌段盤整整理，大反彈整理，振幅明顯縮小，表示市場投資人經大空頭洗禮，處於長期套牢，不願賤價出售。

◉ 振幅在大空頭市場，大盤整波整理，振幅大幅縮小；表示市場籌碼已趨於安定，大空頭市場已進入尾聲。

11. 轉機線與振幅使用之原則例外

振幅視同漲跌幅，在K線技術操作「常態」下，均以「漲、跌幅」為依據；也就是說，以當日漲、跌幅為作為技術操作基礎。

但行情出現「轉折」後，所出現之「轉機線或轉機轉折線」，其技術意義可為「原則例外」，分述如下：

◉ 漲升走勢波段高檔，出現振盪收「十字轉機線」，不論是「目視大轉機大振大K線、大振小K線、小振小K線或缺口小K線，其轉機K線「實體」部份為「小、微、平振」以內者，為原則「小K十字線」視之，表示高檔出現「漲勢減緩、止漲不漲」訊號，應注意賣出（圖6-5-111）！

◉ 跌降走勢波段低檔，出現振盪收「十字轉機線」，不論是「目視大轉機大振大K線、大振小K線、小振小K線或缺口小K線，其十字轉機K線「實體」部份為「低、微、平振」以內者，為原則「小K十字線」視之，表示市場已出現「跌勢減緩、止跌不跌」訊號，應注意買進（圖6-5-111）！

◉ 漲升走勢波段高檔，收「⊥（陽低或陰低）轉機轉折線」，若K線「實體」部份為陽低線，則是「止漲不漲」訊號（圖6-5-112）；若「實體」部份為陰低線，不論漲、跌、振幅」多寡，需以例外「全幅」計算；若振幅為「暴振」（視振幅而定），則視同「陰低暴跌長黑線」，是「轉跌起跌」訊號（圖6-5-113）！表示大戶採壓低出貨，供應籌碼，買進追高者全數慘遭套牢，應立即賣出。

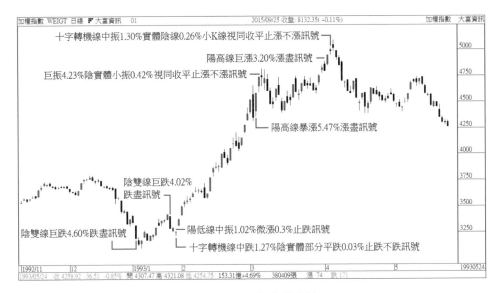

（6-5-111 大盤指數圖）

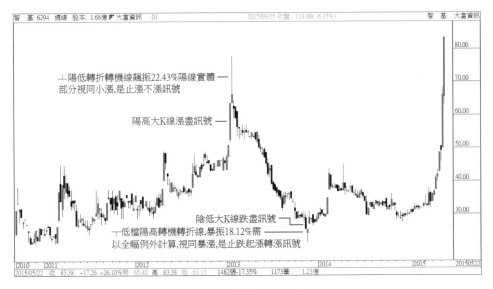

（6-5-112 智基週線圖）

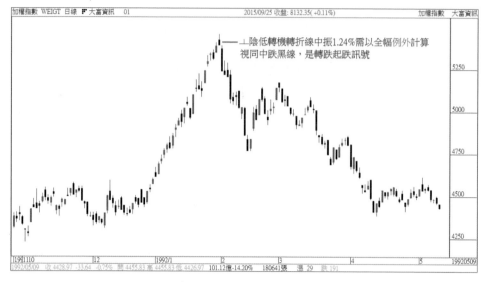

（6-5-113 大盤指數圖）

◎ 漲升走勢波段高檔，收「┬（陽高或陰高）轉機轉折線」，不論「漲、振幅」多寡，均以K線「實體」部份計算，若振幅為「小振」以內者，陽線視同「小漲」，陰線視同「小跌」，表示高檔已出現逢高調賣壓，是「漲盡」、「止漲不漲」、「利多不漲」或「量大不漲」訊號，大戶逢高供應籌碼，應注意賣出（圖6-5-114）。

◎ 跌降走勢波段低檔，收「┴轉機轉折線」，不論其跌、振幅多寡，需以K線「實體」部份計算；若振幅為「陽線小振」（視振幅而定），則視為「小漲」；若是「陰線小振」，則視為小跌，表示低檔賣壓已獲支撐，是「跌盡、止跌不跌」、「利空不跌」或「量大不跌」訊號，應注意逢低買進（圖6-5-115）。

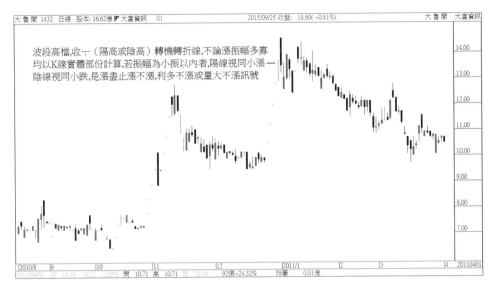

波段高檔,收十（陽高或陰高）轉機轉折線,不論漲振幅多寡
均以K線實體部份計算,若振幅為小振以內者,陽線視同小漲、
陰線視同小跌,是漲盡止漲不漲,利多不漲或量大不漲訊號

（6-5-114 大魯閣日線圖）

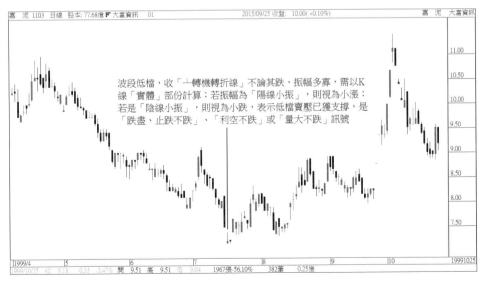

波段低檔,收「十轉機轉折線」不論其跌、振幅多寡,需以K
線「實體」部份計算;若振幅為「陽線小振」,則視為小漲;
若是「陰線小振」,則視為小跌,表示低檔賣壓已獲支撐,是
「跌盡、止跌不跌」、「利空不跌」或「量大不跌」訊號

（6-5-115 嘉泥日線圖）

跌降走勢波段低檔，收「╥轉機轉折線」，若收陽高轉機轉折線，不論漲、跌、振幅多寡，需以「全幅」例外計算，若其振幅為「暴振」（視振幅而定），則視同「暴漲」，是「不跌、起漲、轉漲」訊號（上圖6-5-112）；若收陰高轉機線，則以「陰實體線」部份計算，若振幅為暴振小K線，是「止跌不跌」訊號，長下影線表示低檔買盤積極，顯示當日買進者幾乎全數處於獲利狀態，是「觸底」訊號！反彈可期，應逢回買進（圖6-5-116）。

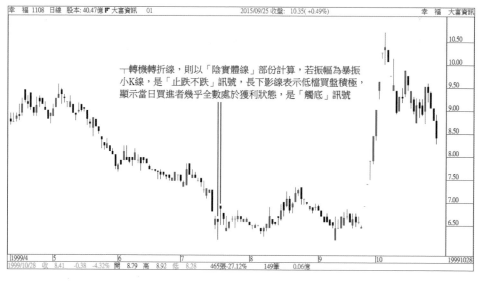

（6-5-116 幸福日線圖）

12. 大振大K線與小振小K線之使用

◎ 波段行情高檔出現「暴振」，為危險訊號，此為高檔「振盪邁烈」，大戶採振盪出貨，必也伴隨大成交量。

◎ 波段行情低檔出現「暴振」，為買進訊號，此為低檔「邁烈振盪」，大戶採振盪洗盤，清洗浮額，成交量也必大增。

◎ 波段上升行情行進中，出現「暴振」，通常為反應突發性利多或利空，表示大戶本身也措手不及，小力作價，任憑市場追價或砍殺，主力不會在市場此時湊熱鬧，所以成交量也不會明顯大增，投資人可逢低買進。

◎ 出現「暴振」，若為低檔區利空趕底，則為跌勢結束訊號，應注意買進。

◎ 振幅在0.7%以下之「小、微、平振」，其技術意義在於市場正常交易之下，交易手續費為0.6%（千分之六），對主力大戶而言（採現股沖銷），一進一出0.7%之振幅正敷手續費用（若交易手續費出現變革，則以±0.1%即可）；但對一般投資人需採信用交易當日沖消，顯然必損無疑；買進者，只得放棄賣出沖銷意願，形成「當沖」不成，被迫「多單持有」，大戶籌碼因而落入散戶手裡。但若在大空頭市場大盤整波，屬「小量小振小漲小跌、低量低振低漲低跌」行情；有道是『無量就無價』，對散戶而言，當沖已無差價，唯一的操作策略，就是「觀望」；持有者，也不例外，只好出脫手中持股，加入「退出觀望」行列，籌碼也因而落入大戶手裡。

◎ 「小振」在技術操作，深具意義；在大多頭市場大整理波，連續出現「小振小量」，表示繁華落盡、人氣已逐漸散去，大多頭市場即將結束，是空頭介入時機；若出現在大空頭市場大盤整波，表示賣壓已輕，大空頭市場即將結束，是多頭介入時機。

◎ 大多頭漲升市場「大彈升大整理」波區間振盪整理盤勢，連續出現「小振小量」，此為繁華落盡、人氣散去，空頭逐漸轉強，持多者應逢高退出，空頭可開始建立「空單」部位（圖6-5-121）。

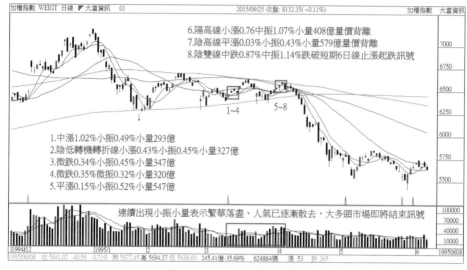

（6-5-121 大盤指數圖）

大空頭市場「大盤整波」區間振盪盤整整理，連續出現「小振小量」價穩量增現象，多頭將逐漸轉強，應逢低佈局，慎選個股擇優擇強買進（圖6-5-122）。

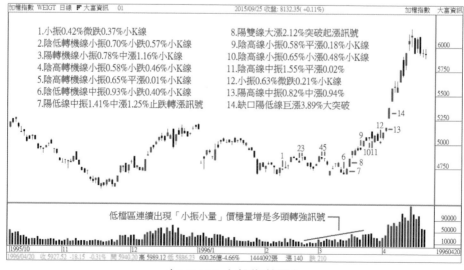

（6-5-122 大盤指數圖）

13.「缺口」的定義

◉ 「缺口」代表意義為，多頭強盛或空頭勢強；「缺口」愈大，氣勢愈強，技術可靠性愈大。

◉ 「缺口」過大，若非「突破」，就是「竭盡」。

◉ 「缺口」是轉折訊號。

　　不論漲升跳空「缺口」或跌降跳空「缺口」，其「缺口」大小同漲、跌、振幅，定義如下：

◉ 跳空「缺口」在5%（含）以上者，稱為「跳升暴型缺口」或「跳降暴型缺口」或「暴缺口」。

◉ 跳空「缺口」在3~5%（不含）者，稱為「跳升巨型缺口」或「跳降巨型缺口」或「巨缺口」。

◉ 跳空「缺口」在2~3%（不含）者，稱為「跳升大型缺口」或「跳降大型缺口」或「大缺口」。

◉ 跳空「缺口」在0.7~2%（不含）者，稱為「跳升中型缺口」或「跳降中型缺口」或「中缺口」。

◉ 跳空「缺口」在0.7%（含）以下者，稱為「跳升小型缺口」或「跳降小型缺口」或「小缺口」。

◉ 跳空「缺口」在0.3%（含）以下者，稱為「跳升微型缺口」或「跳降微型缺口」或「微缺口」。

◉ 跳空「缺口」在0.1%（含）以下者，稱為「跳升平型缺口」或「跳降平型缺口」或「平缺口」。

◉ 竭盡缺口轉折：凡缺口是「大型缺口」以上者，皆可稱為「大缺口」，其K線為大K線者，稱為「大缺口大K線」；其K線為小K線者，稱為「大缺口小K線」；缺口是「小型缺口」以下者，皆可稱為「小缺口」，其K線為大K線者，稱為「小缺口大K線」；其K線為小K線者，稱為「小缺口小K線」（圖6-5-1301），在高檔區為「漲盡竭盡」訊號！在低檔區為「跌盡竭盡」訊號！

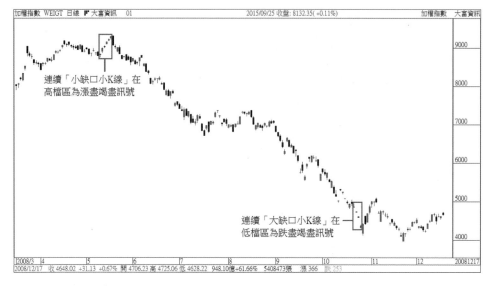

連續「小缺口小K線」在
高檔區為漲盡竭盡訊號

連續「大缺口小K線」在
低檔區為跌盡竭盡訊號

（6-5-1301 大盤日線圖）

◎ 「缺口轉折」，通常其K線也是「轉折線」；在本技術著重於高、低檔，多頭、空頭和「竭盡轉折」，三者之關係，此通常並行出現。

◎ 「竭盡缺口轉折」，是指上升行情出現利多噴出或下跌行情出現利空趕底，投資人因受消息面利多鼓舞或利空刺激，一窩蜂搶進或恐慌殺出，造成行情跳空上漲或跳空下跌，留下（未有交易）缺口，此缺口通常為「竭盡缺口」，又稱「竭盡轉折缺口」。

◎ 「竭盡轉折缺口」，是波段行情結束訊號。

◎ 上升波段或下跌波段行進間出現「三缺口」，則第一缺口為「突破轉折缺口」，第二缺口為「延續轉折缺口」（又稱中繼或測量缺口），第三缺口為「竭盡轉折缺口」。

◎ 「連續缺口」視同三段五波，為三K線二缺口，三K線視同三段，二缺口視同兩波。

◎ 由於出現缺口，皆伴有轉折線，故伴有轉折線之缺口，皆稱為「轉折缺口」。

◉ 缺口轉折：有單缺口轉折、雙缺口轉折、連續缺口轉折。

1. 單缺口轉折

　　所謂「單缺口轉折」，是指行情經連續性漲升、盤升或跌降、盤跌，出現「缺口」後，行情即出現止跌向上或止漲向下。

　　「單缺口轉折」，視同「V型」或「倒V（∧）型」反轉（圖6-5-1311）。

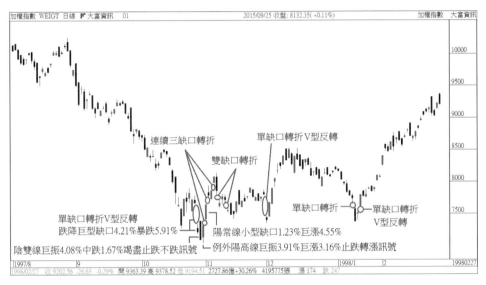

（6-5-1311 大盤指數圖）

2. 雙缺口轉折

　　所謂「雙缺口轉折」，是指當行情處於高檔或低檔出現「缺口轉折」後，K線出現1~5根K線整理，但不回補缺口，然後再現跳空缺口，行情即出現止跌向上或止漲向下的反向走勢。

　　「雙缺口轉折」，將會在RSI指標上形成小M頭或小W底（圖6-5-1321）。

3. 連續缺口轉折

　　◉ 「連續缺口轉折」為連續四K線以上，出現帶有三缺口以上之「轉折線」或「轉機線」，稱為「連續缺口轉折」。

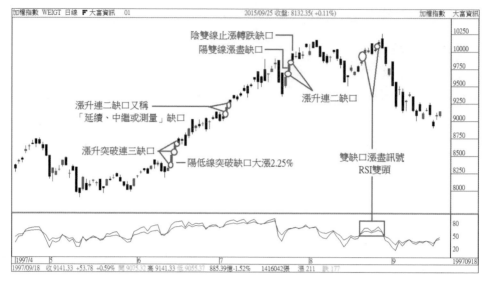

（6-5-1321 大盤指數圖）

◉ 「連續缺口轉折」，必伴隨「轉折線」或「轉機線」，才算成立。

◉ 「連續缺口轉折」，若伴隨「轉折線」，則稱為「連續缺口轉折線轉折」。若伴隨「轉機線」，則稱為「連續缺口轉機線轉折」。

◉ 「連續缺口轉折」視同行進「三段五波」，為行情起始或結束訊號。

◉ 出現「連續缺口」應於出現第二缺口（第三日），就應採取逢高賣出或逢低買進動作，通常下K線為開高走低收陰線或開低走高收陽線。

◉ 上升行情末端噴出，出現第三個跳空缺口，為超漲竭盡「連續缺口轉折」，應賣出持股。

◉ 上升波段高檔區或高檔橫向區間整理區末端，出現跳空上升「連續缺口轉折」，為波段上升行情結束訊號，應逢高出清持股（圖6-5-1331）。

◉ 下跌波段低檔區，出現「連續缺口轉折」，為波段下跌行情竭盡訊號，應逢低買進持股（圖6-5-1332）。

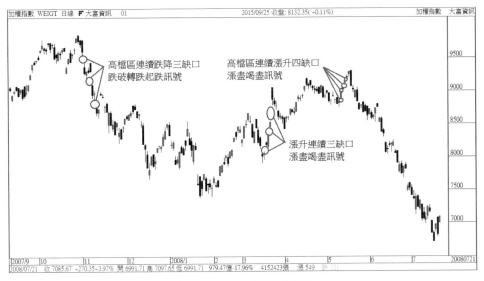

（6-5-1331 大盤指數圖）

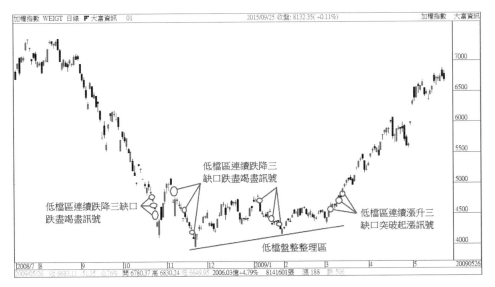

（6-5-1332 大盤指數圖圖）

◎ 整理或盤整區區間整理時，頻頻不斷反覆出現「單缺口、雙缺口、連續缺口」，看漲不漲、看跌不跌，是做頭或築底現象，應注意進出時機。

14. 漲跌振幅缺口關係

漲跌振幅缺口開盤高低稱謂一覽表

幅度%	漲幅	跌幅	振幅	缺口	開盤高/低	現／期價差
0.1% (含)以下	平漲	平跌	平振	平型缺口	平,平高／平低	平,正／平逆
0.3% (含)以下	微漲	微跌	微振	微型缺口	微高／微低	微正／微逆
0.7% (含)以下	小漲	小跌	小振	小型缺口	小高／小低	小正／小逆
0.7~2.0% (不含)	中漲	中跌	中振	中型缺口	中高／中低	中正／中逆
2% (含)以上	大漲	大跌	大振	大型缺口	大高／大低	大正／大逆
3% (含)以上	巨漲	巨跌	巨振	巨型缺口	巨高／巨低	巨正／巨逆
5% (含)以上	暴漲	暴跌	暴振	暴型缺口	暴高／暴低	暴正／暴逆
20% (含)以上	飆漲	飆跌	飆振	飆型缺口	飆高／飆低	飆正／飆逆

6-6 大K線、突兀大K線與小K線轉折線形成意義

K線轉折，就是價的轉折，又因K線代表的是指數、是股價，所以「K線轉折」就是「價的轉折」；「突破」與「跌破」就是價的轉折買賣訊號。

1. 大K線

所謂「大K線」大轉折線的定義如下－－

◎ 在股價與指數方面，一是K線大小、比例相較於之前K線，必須是明顯且凸出或二是其漲、跌、振幅或缺口必須≧2％以上，始可稱為「大K線」。

◉ 在指數方面，當日K線或該週、月K線累計漲、跌、振幅≧5%之暴漲、暴跌、暴振以上者，稱為「大K線」。

◉ 個股方面，在漲跌停板制度下，凡出現「漲、跌停板」價者，皆為「大K線」。

◉ 在個股方面，當週或當月K線出現飆漲，累計漲、跌、振幅≧20%以上，稱為「大K線」。

◉ 凡「突破」、「跌破」、「漲盡竭盡」、「跌盡竭盡」K線，皆為「大K線」。

◉ 「突兀大K線」，是當然「大K線」。

◉ 「食K線」，是「大K線」。

◉ 「對應線」是「大K線」（個股在漲跌停板制度下，股價在高檔區出現開高走低陰線由漲停板到跌停板、開高走低陰線由漲停板到平盤收黑或收跌、振盪走低陰線收跌停板或開收盤一價到底跌停板或以轉機線收盤；或低檔區出現開低走高陽線由跌停板到漲停板、開低走高陽線由跌停板到平盤收紅或收漲、振盪走高收漲停板或開收盤一價到底漲停板或以轉機線收盤之漲、跌、振幅達一個停板以上之「對應線」，亦稱為「大K線」）。

◉ 「反向對應並線」，是「大K線」。

◉ 「並線」是「大K線」。

◉ 個股因「除權、除息」、「增資」、「股權分割」或「減資」形成之缺口必須≧2%以上，稱為「缺口大K線」。

以上，若無「漲跌停板」限制，則回歸與大盤指數操作同！

「大K線」在低檔或低檔盤整突破時，稱為「突破大K線」，是多頭突破起漲訊號！

「大K線」在高檔急漲噴出「大陽大K線」時，稱為「漲盡竭盡大K線」，是多頭漲勢漲盡竭盡結束訊號！

　　「大K線」在高檔或高檔整理跌破時，稱為「跌破大K線」，是空頭跌破起跌訊號！。

　　「大K線」在低檔急跌趕底「大陰大K線」時，稱為「跌盡竭盡大K線」，是空頭跌勢跌盡竭盡結束訊號（圖6-6-11）！

　　「大K線」、「突兀大K線」為漲盡竭盡時，必伴隨大成交量（異常量）、RSI指標必是R高（低）或R天高、R正乖大、M天高、M正乖大、平均線正乖大，跌盡竭盡則不受大成交量限制。

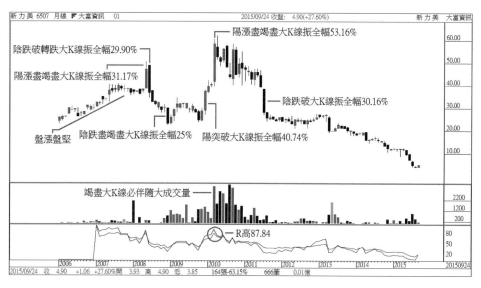

（6-6-11 新力美月線圖）

　　我們知道「漲升」、「跌降」與「橫向整理」是股價的走勢三向；其漲升過程依序為突破起漲、漲升續漲、飆漲漲盡竭盡、漲勢減緩、止漲不漲、轉跌起跌；跌降過程為跌破起跌、跌降續跌、飆跌跌盡竭盡、跌勢減緩、止跌不跌、轉漲起漲；整理過程為高檔止漲不漲整理待變與低檔止跌不跌盤整待變。

　　不論股價是由低檔突破轉為漲升或由高檔跌破轉為跌降或轉為橫向區

間整理或一陽一陰、一紅一黑、一漲一跌橫向整理，其K線必因在低檔突破漲升過程至行情高檔，或因消息利多買盤湧入、空手搶進、空單搶補，導致買氣過熱出現噴出暴漲飆漲「大長陽大長紅大K線」的「漲盡竭盡」漲無可漲、漲勢減緩、止漲不漲賣出訊號或急漲遇獲利賣壓而出現開高走低暴振暴跌、飆跌「大長陰大長黑大K線」的止漲不漲、轉跌起跌賣出訊號或出現暴振、飆振「大轉機大K線」、「大長上影大K線」或「大長下影大K線」的轉機止漲不漲賣出訊號（圖6-6-12）。

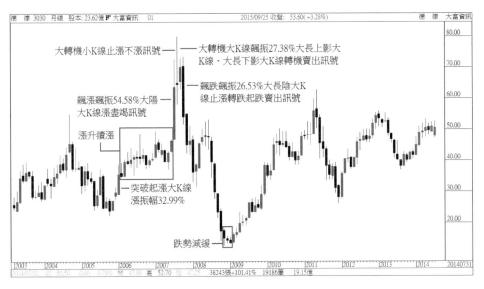

（6-6-12 德律月線圖）

也因跌降過程低檔消息利空，導致空單追殺、多頭停損而出現暴跌飆跌趕底「大長陰大長黑大K線」的「跌盡竭盡」跌無可跌、跌勢減緩、止跌不跌買進訊號或急跌逢低遇強勁買盤而出現開低走高暴振暴漲飆漲「大長陽大長紅大K線」的止跌不跌、轉漲起漲買進訊號！或出現暴振飆振「大轉機大K線」、「大長上影大K線」或「大長下影大K線」的大轉機止跌不跌轉機變盤買進訊號（圖6-6-12、13、14）！

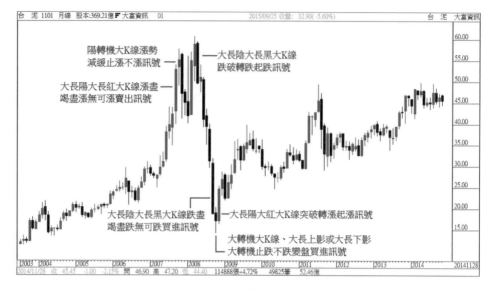

（6-6-13 台泥月線圖）

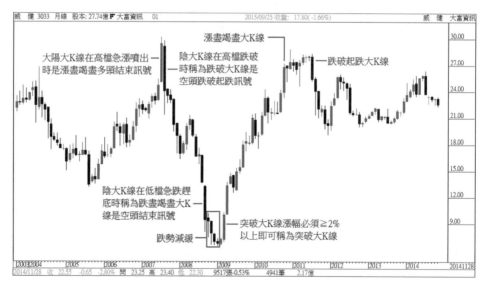

（6-6-14 威健月線圖）

2. 突兀大K線（見圖6-7-11~13）

「突兀大K線」的源由－－由於上市、櫃股票在上市後的五個交易日內及興櫃股票在交易上不受漲跌幅限制，因交易量小、流通性低，若有人在有意與無意間以市價敲進或賣出，股價將可能被無限價推高或跌低所出現的「漲幅異常或跌幅異常」；若「漲幅異常」，則多方買盤會因異常高漲而持謹慎卻步，形成多方買盤竭盡的「漲盡竭盡」訊號；若「跌幅異常」，則空方賣盤因異常跌降而不願殺低而持觀望態度，形成空方賣盤竭盡的「跌盡竭盡」訊號！

故「突兀大K線」亦稱為「異常大K線」，其成交量亦稱「異常大成交量」。

「突兀大K線」在中期週K線與長期月K線圖上，出現K線大小明顯特別巨大、形成聳立且突兀、突出之K線，此K線是異常急漲飆漲（跌）、連續飆漲（跌）的結果，因此我們就稱它為「突兀大K線」。

「突兀大K線」，其定義須下列三者兼備（見圖6-7-11、12、13）

- 該K線大小或缺口明顯特別巨大、聳立且突出、突兀。
- 該K線在走勢上從起漲至漲盡竭盡或起跌至跌盡竭盡以單一「大K線」一氣呵成，滿足到價到位。
- 該K線之漲、跌、振幅需≧40％以上。

所以「突兀大K線」必是「竭盡K線」。

又上市櫃公司因增資、減資或除權所造成之缺口型突兀大K線，其技術意義如下：

開高走高陽線漲升缺口突兀大K線，是「漲盡竭盡」訊號！

開高走高缺口振盪收十、﹁、﹂轉機線，是「止漲不漲」訊號！

缺口開高走低陰線是「轉跌起跌」訊號！

開低走低陰線跌降缺口突兀大K線，是「跌盡竭盡」訊號！

開低走低缺口振盪收十、﹁、﹂轉機線，是「止跌不跌」訊號！

　　缺口開低走高陽線，是「轉漲起漲」訊號！

　　「突兀大K線」稱謂：如為陽線，稱為「陽突兀大K線」、「突兀大陽線」、「突兀大紅線」、「突兀大陽K線」、「突兀陽大K線」、「突兀大長陽線」、「突兀大長紅線」；陰線稱為「陰突兀大K線」、「突兀大陰線」、「突兀大黑線」、「突兀大陰K線」、「突兀陰大K線」、突兀「大長陰線」、「突兀大長黑線」；轉機線稱為「突兀大轉機大K線」、「突兀大轉機變盤線」。

　　由於台股在交易制度上有「漲、跌停板」限制，在大盤指數短期日K線走勢上，若漲、跌、振幅達≧2%以上時，從其K線型態之大小、比例、長短、漲（跌）振幅，「大K線」在目視上可輕易辨識。但在個股的短期日K線技術走勢圖上，因常出現飆漲連續漲（跌）停板一價到底，很難看出或分辨且凸出之「大K線」，所以必須從中期週K線或長期月K線圖上去看，辨識就不難了！所以當股價出現飆漲（跌）或連續漲（跌）停板一價到底時，必須特別加以注意進出場時機！

　　同樣，在個股出現突破起漲「大K線」時，在短期日線圖上，大都以「漲停板」價方式作為技術性突破，且不論從短、中、長期線圖上看，其突破之K線，從型態大小、比例、長短、漲（跌）振幅必須與前K線相較對照，呈現「和諧溫和且適中」狀態，漲勢較能持久持續；K線太大，易拉回；過大，則一氣漲盡。

　　「大K線」是市場主力刻意操作的結果，假設目前股價50元，預計以一個月時間漲幅翻倍100元為目標，那麼在月K線圖上該月K線以「大長紅突兀大K線」呈現，此「大K線」從突破起漲至漲盡竭盡以一根大K線滿足呈現，稱為「一次到價到位」；在週K線則以四根K線滿足呈現，稱為「分次分價到位」；在日K線圖上以多K線滿足呈現，稱為「漸次到價到位」；反之「大長陰突兀大K線」亦然。

　　◉ 一次到價到位：稱為「單K突兀大K線」。

◉ 分次分價到位，是指以「單K突兀大K線」為主軸，將其－－

◉ 一分為二，稱為「連二大K線」起漲（跌）至漲（跌）盡竭盡以兩K線方式到價到位。一分為三，稱為「連三大K線」起漲（跌）至漲（跌）盡竭盡以三K線方式到價到位。一分為四，稱為「連四大K線」起漲（跌）至漲（跌）盡竭盡以四K線方式到價到位。一分為五，稱為「連五大K線」起漲（跌）至漲（跌）盡竭盡以五K線方式到價到位；其分次之每一「K線」，稱為「大K線」；

◉ 二次分次到價到位：其K線若呈漲升陽線連續二K線時，稱為「連二陽、連二紅、連二漲大K線」；跌降陰線連續二K線時，稱為「連二陰、連二黑、連二跌大K線」；轉機線稱為「連二轉機線」；若呈橫向走勢陰陽、漲跌、紅黑交錯，稱為「橫向連續二K線」。

◉ 三、四、五分次到價到位：同上類推！但所不同是其「大K線」間可穿插「紅黑線」、「轉機線」或「小K線」。

◉ 漸次到價到位：以多K線方式行進，連續六K線以上漸次到價到位者，稱為「連續多K線」；連續多K線間可穿插「大K線」、「紅黑線」、「轉機線」或「小K線」。其走勢在「短期日線圖」上，是以「小K線」緩步盤漲盤堅或緩步盤軟盤跌或橫向小幅區間整理或橫向一漲一跌、一紅一黑、一陽一陰盤整整理。

3. 小K線

「小K線」在技術定義，是指股價指數在漲升、跌降或整理過程中，其K線走勢因股價漲高或跌多或整理已久或屬緩步盤堅或盤跌或其它因素而致投資人對往後行情，多所疑惑、不敢輕易進場而心存觀望；行情走勢平平，交易清淡，K線振幅明顯且持續縮小，通常在短期大盤日K線走勢圖上，其K線之漲、跌、振幅大都處於小漲小跌小振≦0.7%以下，表示高檔已出現買盤縮手、追價乏力、逐漸轉弱的「止漲、不漲」危險賣出訊號！

或行情跌幅已大,致買盤只願消極低接,賣盤又不願殺低、交投萎靡,導致市場觀望氣氛濃厚,K線漲、跌、振幅愈縮愈小,形成「小K線」的「止跌、不跌」買進訊號。

　　「小K線」的比例定義,在中期週線或長期月線圖走勢上,因K線大小、比例與「大K線」相比,其漲、跌、振幅顯著縮小,故稱為「小K線」、「小紅線」、「小陽線」、「小黑線」、「小陰線」、「小轉機線」或一律以「小K線」稱之!若連續出現,稱為「連續小K線」、「連續小紅線」、「連續小陽線」、「連續小黑線」、「連續小陰線」、「連續小轉機線」或「連二小K線」、「連三小K線」、「連四小K線」、「連五小K線」或「連續多K小K線」。

　　「小K線」在轉機線、轉機轉折線定義上,不論其漲、跌、振幅有多大,皆以「實體」部份之開收盤價之振幅視為漲、跌幅,如在高檔區其開收盤價為同價十、〒、⊥轉機線或小紅陽線、小黑陰線等之轉機線、轉機轉折線,皆視為「止漲不漲」訊號;在低檔區則視為「止跌不跌」訊號,此「實體」部份稱之為「小K線」。

　　「小K線」發生在中期週線上,一根K線表示已整理一週;在長期月線上,一根K線表示已整理一個月,顯然在這麼長的時間裡,股價是處於小幅區間振盪之「止漲、不漲」或「止跌、不跌」的不上不下待變狀態。

　　「小K線」振幅小,必伴隨低成交量;若是「連續小K線」,則表示人氣退潮、行情低迷!

　　「小K線」盤整後的突破,其突破K線之漲振幅必須≧2%以上,即可稱為「突破大K線」。「小K線」整理後的跌破,可不受此限(圖6-6-31)。

　　由上可知,「大K線」與「小K線」是導致影響後市、延續或改變未來行情轉折的最大關鍵!所以「大K線」與「小K線」就是轉折線,其「大K線」愈大、「小K線」愈小,技術的可靠性就愈大,也就是行情轉折的買賣訊號!

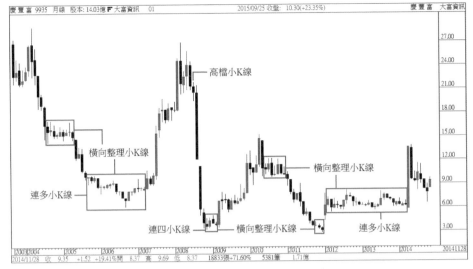

（6-6-31 慶豐富月線圖）

6-7 「單K線」與「連續K線」轉折

所謂「單K線轉折」，是指該一K線的形成就足以影響、延續或改變未來行情趨勢走向的K線，此K線稱為「單K線轉折」；若該K線上、下影線振幅太大，則以「對應線」視之。

「單K線轉折」：包括「竭盡突兀大K線」、「竭盡大K線」竭盡反轉訊號和「突破大K線」、「跌破大K線」起漲起跌反轉訊號！

1. 單K竭盡突兀大K線：

1. 是從突破起漲至漲盡竭盡或跌破起跌至跌盡竭盡為一氣呵成、以單一K線到價到位滿足到底，且其漲、跌、振全幅須≧40％以上之「大K線」，此「大K線」是「竭盡」訊號！所以「突兀大K線」是當然「單K線轉折」，稱為「單K突兀大K線大轉折」，陽線稱為「單K陽突兀大K線大轉折」；若其K線為「陽雙轉折線」，最低價處為「止跌不跌」訊號，最高價處為「漲盡竭盡」訊號；若其K線為陽常線，則其下影線部份為「止跌轉漲」訊號，其上影線部份為「漲盡止漲」訊號。

陰線稱為「單K陰突兀大K線大轉折」，若其K線為「陰雙轉折線」，則其最高價處為「止漲不漲」訊號，最低價處為「跌盡竭盡」訊號；若其K線為陰常線，則其下影線部份為「跌盡止跌」訊號，上影線部份為「止漲轉跌」訊號（圖6-7-1-11、12、13）。

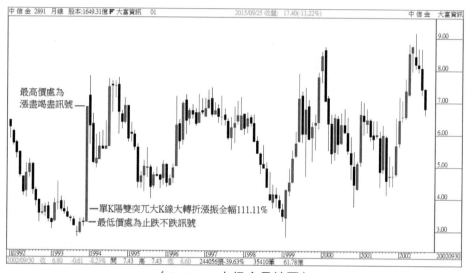

（6-7-1-11 中信金月線圖）

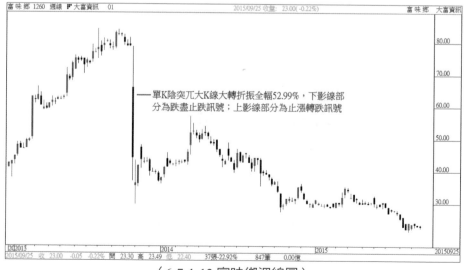

（6-7-1-12 富味鄉週線圖）

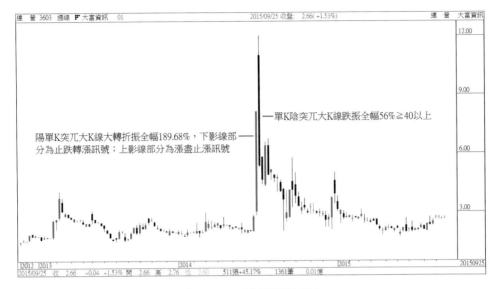

（6-7-1-13 連營週線圖）

2. 單K缺口突兀大K線

1. 漲升單K缺口突兀大K線，「大缺口」部份視同漲升陽突兀大K線，「K線」部份開高走高收漲「陽高線」或收紅陽線時，其紅線最高價部份為「漲盡竭盡」訊號（圖6-7-2-11）。

2. 漲升單K缺口突兀大K線，「大缺口」部份視同漲升陽突兀大K線，「K線」部份開高走低收漲「陰高線」或收紅陽線時，其陰線最高價部份為「止漲不漲」訊號；走低陰下影線部份為「轉跌」訊號；；走低最低價部份為「起跌」訊號（圖6-7-2-21矽統月線圖）。

3. 跌降單K缺口突兀大K線，「大缺口」部份視同跌降陰突兀大K線，「K線」部份開低走高下跌陽線時，陽線最低部份為「止跌不跌」訊號，走高陽線為「轉漲起漲」訊號。

4. 跌降單K缺口突兀大K線，「大缺口」部份視同跌降陰突兀大K線，「K線」部份開低走低下跌陰線時，為「跌盡竭盡」訊號。

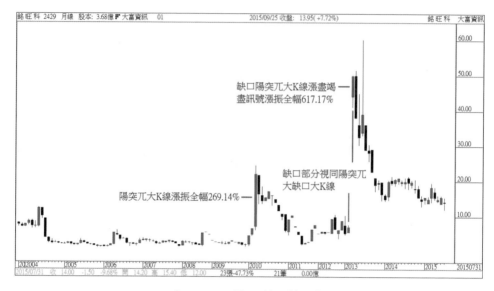

（6-7-2-11 銘旺科月線圖）

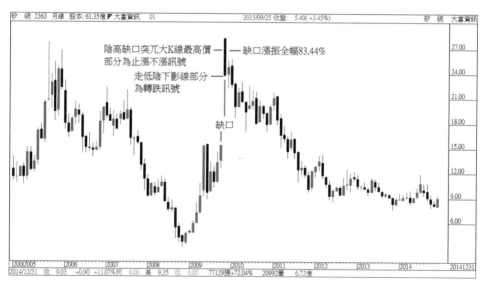

（6-7-2-21 矽統月線圖）

3. 單K轉機突兀大K線

1. 單K「轉機突兀大K線」以開平振盪走高再殺低收平、小黑或小紅K線之十、⊥轉機線是「止跌不跌」訊號；其回到或回到開盤價原點之大長上影線「轉機突兀大K線」，其殺低之「大長上影線」視同走低「陰跌降突兀大K線」，上影線最高價部份，是為「漲盡竭盡」訊號；若「開收（盤價）十、⊥字轉機線」，是為「止跌不跌」訊號；若「開收陰低小黑線」，是為「跌盡竭盡」訊號；若「開收小紅線」，是為「止漲不漲」訊號（圖6-7-311、312）。

2. 單K突兀大K線以開平振盪走低再拉高收平十、⊤、小紅或小黑K線，幾乎回到或回到原點之大長下影線「轉機突兀大K線」，其「大長下影線」部份，視同走高「陽漲升突兀大K線」，其拉高之「大長下影線」最低價部份，是為「跌盡竭盡」訊號；若「開收十、⊤字轉機線（原點）」是為「止漲不漲」訊號（圖6-7-321寶齡週線圖）；若「開收陰高小黑線」，是為「止漲不漲」訊號；若「開收陽高小紅線」，是為「漲盡竭盡」訊號（圖6-7-322億泰興週線圖）。

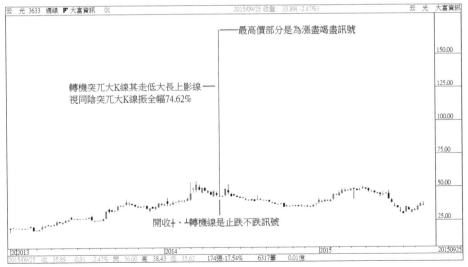

（6-7-311 云光週線圖）

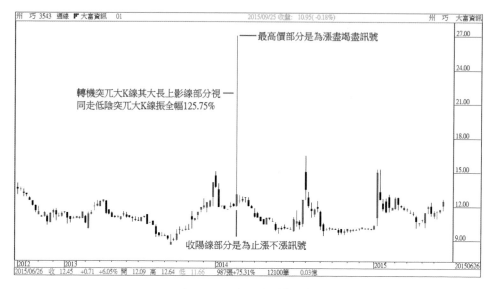

（6-7-312 州巧週線圖）

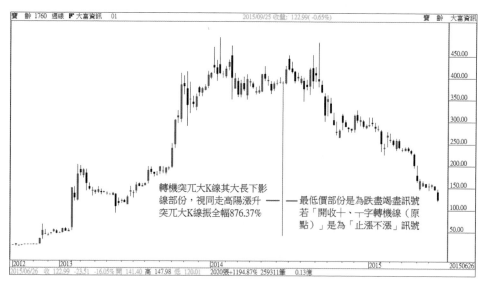

（6-7-321 寶齡週線圖）

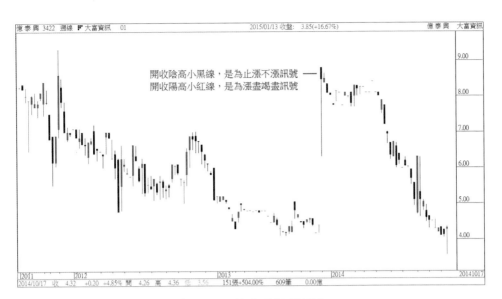

（6-7-322 億泰興週線圖）

因此K線的形成就足以影響、延續或改變未來行情趨勢走向的K線，此K線就稱為「單K突兀大K線大轉折」，又因是「竭盡訊號」，故也稱為「單K竭盡突兀大K線」。

前面說過，漲升、跌降與整理是股價的走勢三向，其走勢過程為漲升「突破起漲、漲升續漲、漲盡竭盡、漲勢減緩、止漲不漲」；跌降「跌破起跌、跌降續跌、跌盡竭盡、跌勢減緩、止跌不跌」、「整理止漲不漲」、「盤整止跌不跌」。

4. 單K竭盡大K線

是指K線呈穩定小漲緩漲盤漲盤升（跌）或整理後出現的急漲（跌）飆漲（跌）、連續飆漲（跌）或明顯且凸出的「大K線」，因急漲飆漲（跌）、連續飆漲（跌）是「漲（跌）盡竭盡訊號」，且其漲、跌、振幅在三日內或該週、月K線漲（跌）振全幅須≧20％飆漲（跌）以上，故此「竭盡大K線」屬「單K線轉折」的大買（賣）訊號（圖6-7-411）。

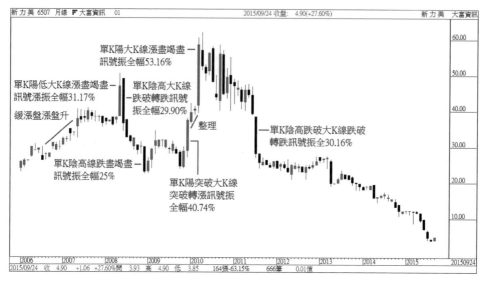

（6-7-411 新力美月線圖）

5. 單K線突破與跌破大K線

這裡的「突（跌）破」，是指「價的突（跌）破」，也就是「K線的突（跌）破」，「突破價前高」或「跌破價前低」；所謂「單K線突（跌）破大K線」，是當K線出現突（跌）破時，隨即出現拉回（回彈）或橫整後再繼續其漲升或跌降者稱之（圖6-7-511）。

6. 突兀連續大K線

所謂「突兀連續大K線」，同突兀大K線由突破起漲至漲盡竭盡或跌破起跌至跌盡竭盡以「連續兩K線、連續三K線、連續四K線、連續五線和連續多K線（連續六K線以上）型式到價到位滿足到底，同時也必伴隨大成交量、RSI指標出現R高（低）或R天高（地低）、R正（負）乖大、M正（負）乖大或M天壓（地撐）、平均線正（負）乖大。

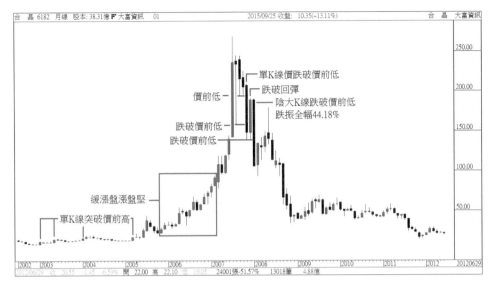

（6-7-511 合晶月線圖）

1. 連二K――是以「突兀大K線」為主，一分為二的「二次分次到價到位」的兩根大K線（1：2），其每一K線大小、漲、跌、振幅（可全幅計，下同）大致等於「突兀大K線」的二分之一，稱為「漲升突破起漲至漲盡竭盡連二陽、連二紅、連二漲」（圖6-7-611）或「跌降跌破起跌至跌盡竭盡連二陰、連二黑、連二跌」，漲升稱為「突兀連二漲（陽、紅）大K線」；跌降稱為「跌降連二跌（陰、黑）大K線」，以下類推…。

2. 連三K――是以「突兀大K線」為主一分為三的「三次分次到價到位」的三根大K線（1：3），其每一K線大小、漲、跌、振幅大致等於「突兀大K線」的三分之一，稱為「漲升突破起漲至漲盡竭盡連三陽、連三紅、連三漲」或「跌降跌破起跌至跌盡竭盡連三陰、連三黑、連三跌」，稱為「突兀連三大K線」（圖6-7-621）。

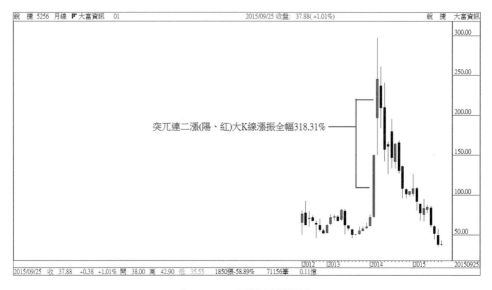

（6-7-611 銳捷月線圖）

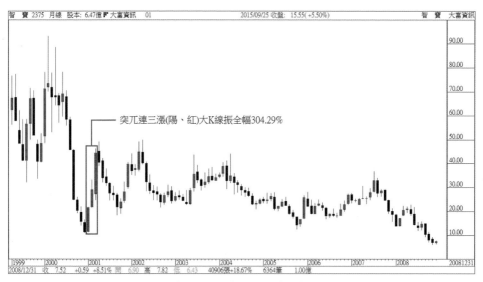

（6-7-621 智寶月線圖）

3.連四K——以「突兀大K線」為主一分為四的「四次分次到價到位」
的四根大K線（1：4），其每一K線大小、漲、跌、振幅大致等於

「突兀大K線」的四分之一，稱為「漲升突破起漲至漲盡竭盡連四陽、連四紅、連四漲」或「跌降跌破起跌至跌盡竭盡連四陰、連四黑、連四跌」，稱為「突兀連四大K線」（圖6-7-631）。

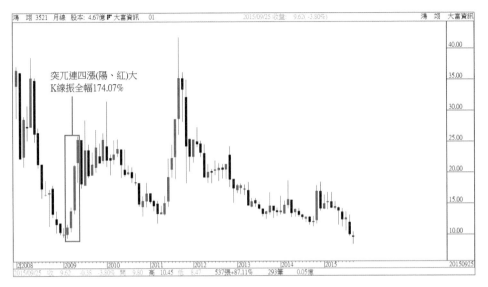

（6-7-631 鴻翊月線圖）

4. 連五K－－以「突兀大K線」為主一分為五的「五次分次到價到位」的五根大K線（1：5），其每一K線大小、漲、跌、振幅大致等於「突兀大K線」的五分之一，稱為「漲升突破起漲至漲盡竭盡連五陽、連五紅、連五漲」或「跌降跌破起跌至跌盡竭盡連五陰、連五黑、連五跌」，稱為「突兀連五大K線」（圖6-7-641）。

5. 連多K－－也就是以「突兀大K線」為主，連續六K線以上的「漸次分次到價到位」的多K線（1：多），稱為「連續多K線」；向上漲升者，稱為「漲升起漲至漲盡竭盡突兀連多漲大K線」（圖6-7-651）；向下跌降者，稱為「跌降跌破起跌至跌盡竭盡突兀連多跌大K線」（圖6-7-652）。

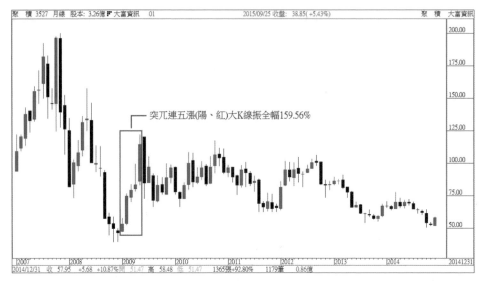

（6-7-641 聚積月線圖）

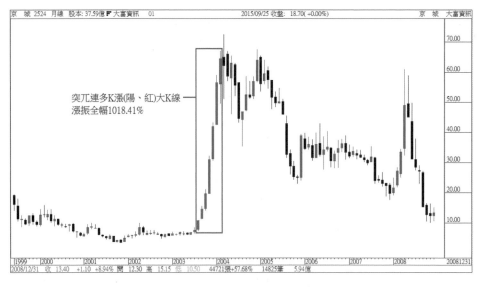

（6-7-651 京城月線圖）

突兀連多(7)跌降大K線跌振全幅79.74%

（6-7-652 國建月線圖）

「突兀連續多K線型」是其每一K線大小、漲、跌、振幅大致約略均等。

由以上得知，連續K線愈多愈分散，則大K線愈不明顯，也就是在未見明顯「大K線」、「小K線」、「食K線」、「對應線」或「反向對應並線」之前，多單或空單應保持密切注意！

7. 波段連續大K線

兩K線以上之波段大K線組合者稱之；包括「突破連續大K線」、「跌破連續大K線」、「續漲連續大K線」、「續跌連續大K線」、「漲盡竭盡連續大K線」、「跌盡竭盡連續大K線」和「橫向整理（盤整）連續K線」。

波段連續大K線，必穿插漲跌、紅黑、陽陰轉機小K線。

波段連續大K線通常處在大多頭或大空頭市場時，常因受市場消息面利多、利空氣氛而處於熱絡或悲觀，在消息面未出盡前，很難掌握行情走勢，故在操作上須小心謹慎！

「漲盡竭盡連續大K線」和「跌盡竭盡連續大K線」，大都以「頭部型態」跌下或「底部型態」漲上，是屬於型態反轉（圖6-7-7-11、12、13）。

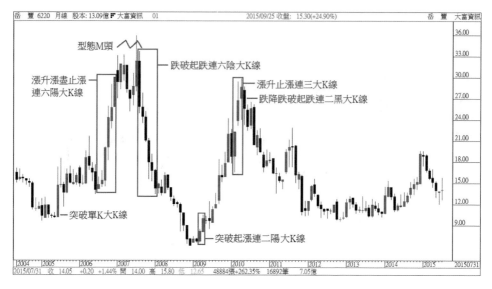

（6-7-7-11 岳豐月線圖）

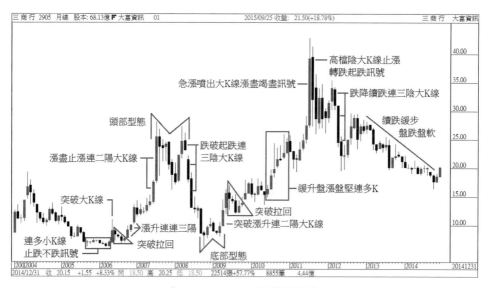

（6-7-7-12 三商行月線圖）

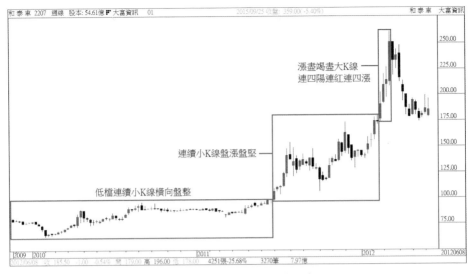

（6-7-7-13 和泰車週線圖）

1. 漲升突破起漲「連二陽、連二紅、連二漲」、「連三陽、連三紅、連三漲」、「連四陽、連四紅、連四漲」、「連五陽、連五紅、連五漲」、「連多陽、連多紅、連多漲」。

2. 漲升續漲「連二陽、連二紅、連二漲」、「連三陽、連三紅、連三漲」、「連四陽、連四紅、連四漲」、「連五陽、連五紅、連五漲」、「連多陽、連多紅、連多漲」。

3. 漲升漲盡竭盡「連二陽、連二紅、連二漲」、「連三陽、連三紅、連三漲」、「連四陽、連四紅、連四漲」、「連五陽、連五紅、連五漲」、「連多陽、連多紅、連多漲」。

4. 跌降跌破起跌「連二陰、連二黑、連二跌」、「連三陰、連三黑、連三跌」、「連四陰、連四黑、連四跌」、「連五陰、連五黑、連五跌」、「連多陰、連多黑、連多跌」。

5. 跌降續跌「連二陰、連二黑、連二跌」、「連三陰、連三黑、連三跌」、「連四陰、連四黑、連四跌」、「連五陰、連五黑、連五跌」、「連多陰、連多黑、連多跌」。

6. 跌降跌盡竭盡「連二陰、連二黑、連二跌」、「連三陰、連三黑、連三跌」、「連四陰、連四黑、連四跌」、「連五陰、連五黑、連五跌」、「連多陰、連多黑、連多跌」。

7. 橫向整理（盤整）「連二K」、「連三K」、「連四K」、「連五K」、「連多K」（圖6-7-7-13）。

8. 食K線

「食K線」是價的突破和價的跌破，是突破向上和跌破向下反轉訊號！

「食K線」也必伴隨大成交量、RSI指標出現R高（低）或R天高（地低）、R正（負）乖大、R金（死）交、M天高（地低）、M正（負）乖大、平均線正（負）乖大。

所謂「食K線」，包括－－

「一食一」：是「漲盡陰食線與跌盡陽食線」，同「並線」，亦同「反向對應線」，必須是一陽食一陰，是先陰後陽的「陽食線陽食一」或先陽後陰的「陰食線陰食一」之1：1食K線。

當股價處於行情低檔時出現急跌趕底大陰線時，大陰線表示「跌盡竭盡」訊號，陽線表示急跌後出現的強勁反彈「止跌不跌、轉漲起漲」訊號，形成先陰後陽的大陽線吞食包覆大陰線的「大陽食大陰」陽食陰線反轉向上訊號；或一陰食一陽，是先陽後陰的「陰食線陰食一」，當股價處於行情高檔出現急漲噴出「大陽線」時，大陽線表示「漲盡竭盡」訊號；陰食線表示行情急漲後出現大逆轉的大陰線「止漲不漲、轉跌起跌」訊號，形成先陽後陰的大陰線吞食包覆大陽線的「大陰食大陽」陰食陽線反轉向下訊號（圖6-7-8-11）。

「一食二」：一陽食二K的一根大陽K線吞食包覆蓋過二K線者，稱為「陽食線陽食二」或一陰食二K線者，稱為「陰食線陰食二」。

「一食三」：一陽食三K的一根大陽K線吞食包覆蓋過三K線者，稱為「陽食線陽食三」或一陰食三K線者，稱為「陰食線陰食三」。

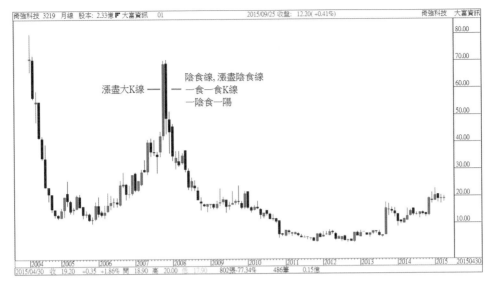

（6-7-8-11 倚強月線圖）

「一食四」：一陽食四K的一根大陽K線吞食包覆蓋過四K線者，稱為「陽食線陽食四」或一陰食四K線者，稱為「陰食線陰食四」。

「一食五」：一陽食五K的一根大陽K線吞食包覆蓋過五K線者，稱為「陽食線陽食五」或一陰食五K線者，稱為「陰食線陰食五」。

「一食多」：食線≧六K線以上者，稱為「一食多」；一陽食多K的一根大陽K線吞食包覆蓋過≧六K線以上者，稱為「陽食線陽食多」或一陰食多K線者，稱為「陰食線陰食多」。

1. 「漲盡陰食線與跌盡陽食線」：「一食一食K線」，當股價指數於高檔區出現急漲、連續急漲大K線「漲盡竭盡」訊號後，出現以一根陰K線包覆蓋過該「漲盡大K線」，形成一陰食一陽者，稱為「漲盡陰食線」（圖6-7-8-11倚強月線圖）；或於低檔區出現急跌、連續急跌大K線「跌盡竭盡」訊號後，出現以一根陽K線包覆食蓋過該「跌盡大K線」者，稱為「跌盡陽食線」（圖6-7-8-12訊舟月線圖）。

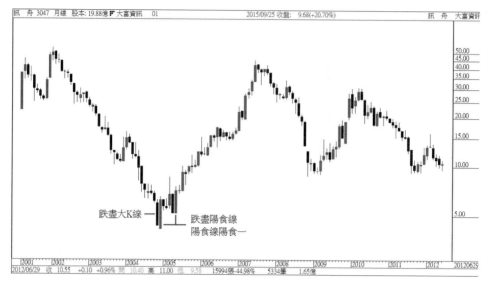

（6-7-8-12 訊舟月線圖）

2. 「漲緩陰食線與跌緩陽食線」：當股價指數於高檔區出現急漲、連續急漲大K線後，股價雖仍續穿頭創新高，但漲勢明顯受阻、漲振幅大幅縮小的「漲勢減緩」訊號後，以一根陰K線包覆食蓋過N（1～多）K線以上者，稱為「漲緩陰食線陰食N」；反之，當股價指數於低檔區出現急跌、連續急跌大K線後，股價雖仍持續破底創新低，但跌勢明顯收斂、跌振幅大幅縮小的「跌勢減緩」訊號後，以一根陽K線包覆食蓋過NK線以上者，稱為「跌緩陽食線陽食N」（圖6-7-8-21群創月線圖）。

3. 「止漲不漲陰食線與止跌不跌陽食線」：同「反向對應線」，當股價指數於高檔區出現急漲、連續急漲「漲盡大K線」或「漲勢減緩K線」訊號後，出現以一根陰K線包覆食蓋過NK線以上的「橫向止漲不漲小K線」者，稱為「止漲陰食線陰食N」或「不漲陰食線陰食N」；反之，當股價指數於低檔區出現急跌、連續急跌「跌盡大K線」或「跌勢減緩K線」訊號後，出現以一根陽K線包覆食蓋過NK

線以上的「橫向止跌不跌小K線」者，稱為「止跌陽食線陽食N」或
「不跌陽食線陽食N」（圖6-7-8-31勁永月線圖）。

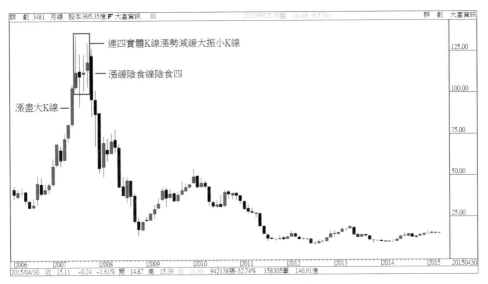

（6-7-8-21 群創月線圖）

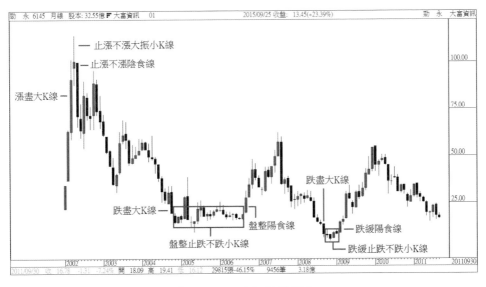

（6-7-8-31 勁永月線圖）

出現「連續橫向止漲不漲小K線」時，是作頭現象，將形成是「頭部型態」！

出現「連續橫向止跌不跌小K線」時，是築底現象，將形成是「底部型態」！

4. 「整理陰食線與盤整陽食線」：股價指數於高檔區出現橫向長期整理（≧12根K線以上）連續小K線的止漲不漲訊號，以一根陰K線包覆食蓋過NK線以上者，稱為止漲不漲「整理陰食線陰食N」（圖6-7-8-41F-再生週線圖）；或於低檔區出現橫向長期盤整整理（≧12根K線以上）連續小K線的止跌不跌訊號，以一根陽K線包覆食蓋過NK線以上者，稱為止跌不跌「盤整陽食線陽食N」（圖6-7-8-42寶得利月線圖）。

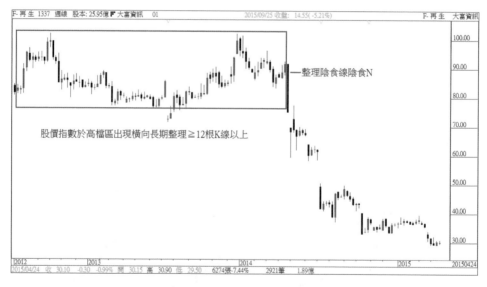

（6-7-8-41 F-再生週線圖）

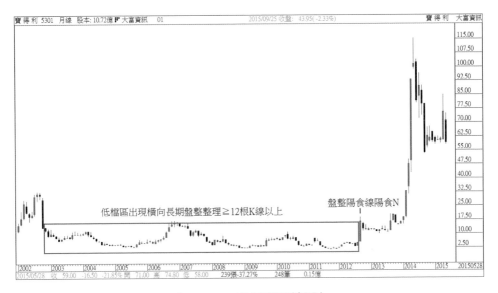

（6-7-8-42 寶得利月線圖）

◉ 不論是「跌盡陽食線」、「跌緩陽食線」、「不跌陽食線」、「盤
　跌陽食線」和「盤整陽食線」，皆稱為「陽食線」，是突破反轉漲
　升起漲訊號，故「陽食線」亦稱「上食線」。

◉ 不論是「漲盡陰食線」、「漲緩陰食線」、「不漲陰食線」、「盤
　漲陰食線」和「整理陰食線」，皆稱為「陰食線」，是跌破反轉跌
　降起跌訊號，故「陰食線」亦稱「下食線」。

「食K線」之K線吞食、包覆、蓋過之K線愈多，表示底部或頭部型態
愈大，其技術可靠性愈大！

所以「食K線」必也是「大K線」。

「食K線」是反轉訊號，「陽食線」，表示股價出現突破，多空局勢
即將向上扭轉，突破前多頭買進的投資人已處於獲利狀態，為多頭價突破
反轉買進訊號；「陰食線」，表示股價出現跌破，多空局勢即將向下扭
轉，跌破前多頭買進的投資人已處於套牢賠損狀態，為空頭價跌破反轉賣
出訊號（圖6-7-8-43、44、45）。

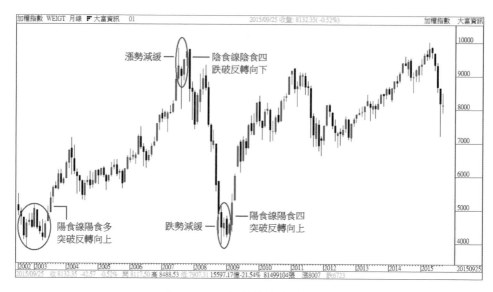

（6-7-8-43 加權指數月線圖）

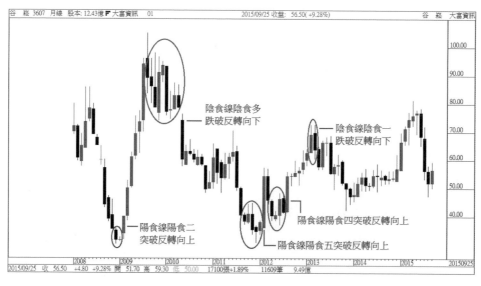

（6-7-8-44 谷崧月線圖）

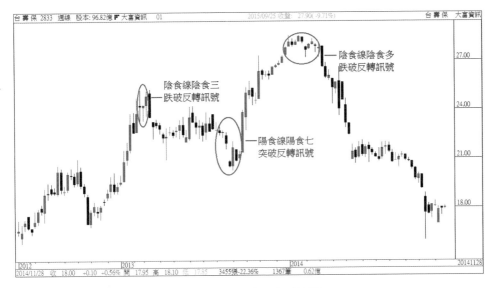

（6-7-8-45 台壽保週線圖）

9. 對應線與反向對應並線

「對應線」是Ｖ型尖底和倒Λ型尖頭反轉訊號！

「反向對應線」是ㄩ型和ㄇ型反轉訊號！

「缺口對應線」、「缺口反向對應線」，是島狀或島型反轉訊號！

「對應線」與「反向對應並線」是大K線，同時也必伴隨大成交量、R高（低）或R天高（地低）、R正（負）乖大、R金（死）交、M天高（地低）、「M正（負）乖大」、平均線正（負）乖大。

1.「對應線」

以「竭盡大K線」做為對應「主K線」。

當股價指數處於高檔或低檔，出現「竭盡大K線」時，表示行情已將來到盡頭，高或低價已無多，正是考慮逢高多單了結賣出或逢低擇股作多買進的時候！

所謂「對應線」，是指「竭盡大K線」形成後所出現之「轉機線、轉

折線或常線等大K線」，形成兩相對應關係，稱為「對應線」。

◉ 「止漲、不漲對應線」：當主K線是「漲盡大K線」，隨之出現「十、⊥、⊤大轉機大K線」，則「大轉機大K線」與主K線「漲盡大K線」形成對應關係，稱為「漲盡大K線與轉機大K線對應」，因轉機線是大振小K線（圖6-7-9-11）或大振大K線，為「止漲不漲」訊號！我們就稱之它為「漲盡止漲對應線」、「漲盡不漲對應線」或「止漲、不漲對應線」；如對應線為「陽高轉折轉機線」時，也可稱為「漲盡止漲對應線」；如對應線為「陰低轉折轉機線」時，稱為「止漲起跌對應線」；如對應線為「陰轉機微下影線」時，稱為「止漲轉跌對應線」（圖6-7-9-12）。

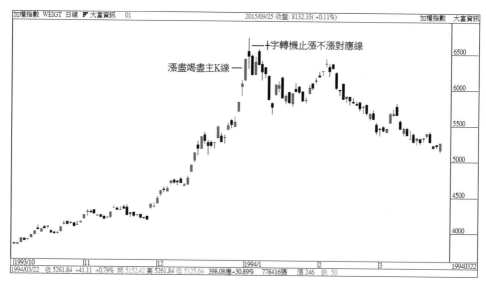

（6-7-9-11 大盤日線圖）

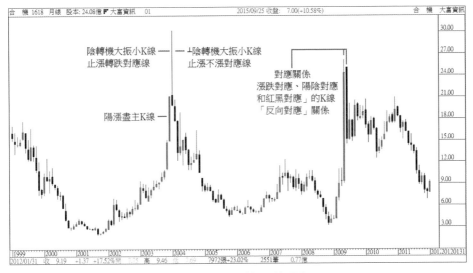

（6-7-9-12 合機日線圖）

◎ 「轉跌對應線」：當主K線為「漲盡大K線」，出現「陰轉折大K線」或「陰常大K線」之「陰跌大黑大K線」時，則「陰跌大黑大K線」與「漲盡大K線」形成一陰一陽、一漲一跌、一紅一黑的「漲跌對應、陽陰對應和紅黑對應」的K線反向「對應」關係；因對應線為陰轉折大K線或陰常大K線為「轉跌」訊號！故我們稱此對應K線為「漲盡轉跌對應線」或「轉跌對應線」；如「轉跌對應線」是陰雙線，稱為「止漲起跌對應線」；如為陰高線，則稱為「止漲轉跌對應線」；如為陰低線，則稱為「轉跌起跌對應線」，在此可一律稱為「轉跌對應線」（圖6-7-9-13）。

◎ 「止跌、不跌對應線」：當主K線是「跌盡大K線」，隨之出現「十、⊥、⊤大轉機大K線」，則「大轉機大K線」與主K線「跌盡大K線」形成對應關係，稱為「跌盡大K線與轉機大K線對應」，因轉機線是大振大K線或大振小K線，為「止跌不跌」訊號，我們就稱之它為「跌盡止跌對應線」、「跌盡不跌對應線」或「止跌、不

跌對應線」（圖6-7-914）；如對應線為「陽高轉折轉機線」時，
則稱為「止跌起漲對應線」；如對應線為「陰低轉折轉機線」時，
則稱為「跌盡止跌對應線」。

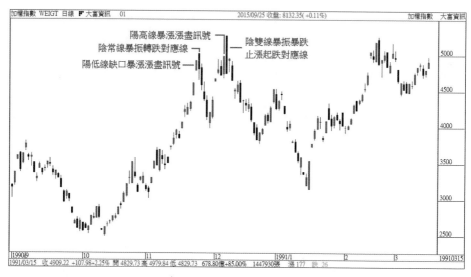

（6-7-9-13 大盤日線圖）

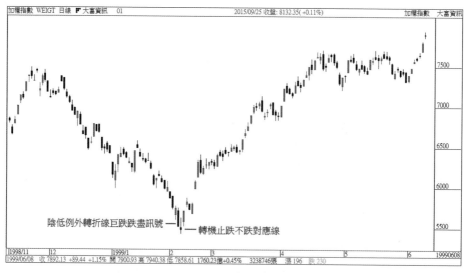

（6-7-914 大盤日線圖）

◑ 「轉漲對應線」：當主K線為「跌盡大K線」時，出現「陽漲大紅大K線」，則「陽漲大紅大K線」為「跌盡大K線」的反向「對應線」；其對應關係為「跌漲對應、陰陽對應」、黑紅對應」；因對應線為陽轉折大K線或陽常大K線為「轉漲」訊號！故我們稱此對應K線為「跌盡轉漲對應線」或「轉漲對應線」；如「轉漲對應線」是陽雙線，稱為「止跌起漲對應線」；如為陽高線，則稱為「轉漲起漲對應線」；如為陽低線，則稱為「止跌轉漲對應線」，我們可一律稱為「轉漲對應線」（圖6-7-915）。

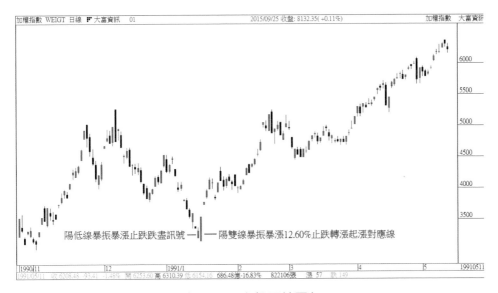

（6-7-915 大盤日線圖）

　　「對應線」視同「大K線」，當股價指數在高檔出現飆漲或連續飆漲漲停板「大K線」形成之後，顯示於各週期線圖上，出現以任何型式之漲、跌、振全幅≧5%以上之轉機線或開高漲停走低大振收跌「大陰大K線」、開高漲停走低收平「大陰大K線」或振盪跌停等之轉折線或常線或一價跌停之缺口「大陰大K線」；或股價於低檔出現飆跌或連續飆跌跌停

板「大K線」之後，以開低跌停走高收「大陽大K線」、開低跌停走高收平「大陽大K線」或振盪走高漲停或一價漲停收缺口「大陽大K線」或振盪收止跌不跌、止漲不漲「大轉機大K線」時，此「大陰大K線」、「大陽大K線」、「大轉機大K線」，皆稱為「對應線」。

在在技術上，無論是「止漲不漲對應線、止跌不跌對應線、轉漲對應線或轉跌對應線」皆是反轉訊號！

「止漲不漲對應線」與「轉跌對應線」是 Λ 型尖頭反轉賣出訊號（圖6-7-916）！

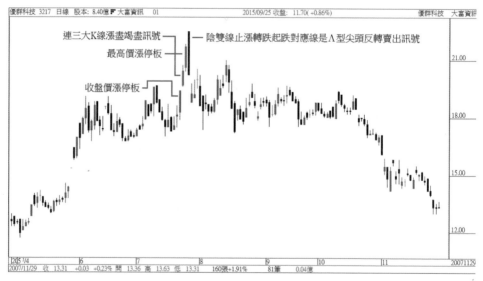

（6-7-916 優群科技日線圖）

「止跌不跌對應線」與「轉漲對應線」，是 V 型尖底反轉買進訊號（圖6-7-9-17）！

以上之「對應線」，若為「缺口型對應線」時，稱為「缺口對應線」，其技術意義均與上同！

2.「反向對應線」

　　「陽反向對應線」也稱為「ㄩ型陽反向對應線」；缺口稱為「缺口ㄩ型島狀陽反向對應線」為買進訊號！

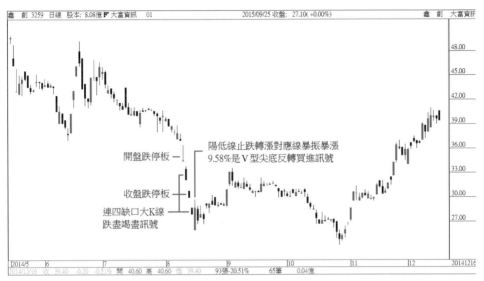

（6-7-9-17 鑫創日線圖）

　　「陰反向對應線」也稱為「ㄇ型陰反向對應線」；缺口稱為「缺口ㄇ型島狀陰反向對應線」，為賣出訊號！

　　「反向對應線」同「止漲不漲、止跌不跌食K線」，但所不同是，其食線為橫向連續「常線並線、大振小K線並線、小K線小並線」的「止漲不漲陰食線」與「漲盡竭盡大K線或漲緩大K線」形成反向對應關係，稱為「止漲不漲並線陰食線陰食N陰反向對應線反轉向下」訊號；或橫向盤整整理「止跌不跌陽食線」與「跌盡竭盡大K線或跌緩大K線」形成反向對應關係，稱之為「止跌不跌並線陽食線陽食N陽反向對應線反轉向上」訊號！

　　因此我們可以將「漲盡竭盡大K線、漲緩K線與跌盡竭盡大K線、跌緩K線」稱之為「主關係K線」。

　　「反向對應線」，是指「主關係K線」漲盡竭盡大K線或漲勢減緩K線形成之後，行情並未隨即出現反轉，反而進入「連續橫向2～多K線」的「連續並線」止漲不漲橫向整理或止跌不跌盤整整理；如以下中石化月線圖（圖6-7-921）為例，當主關係K線「跌盡竭盡陰大K線或跌勢減緩大K線」形成之後，出現「連續橫向小N（四）K線小並線」止跌不跌橫向盤整整理後，再出現突破轉漲「陽食線陽食N（四）陽大K線」與主關係K線「陰跌盡竭盡大K線或陰跌緩大K線」形成一陰一陽、一跌一漲、一黑一紅的先陰後陽的「陰大K線」與「陽大K線」的「陰陽反向對應」關係；若其主關係K線是「陰跌盡竭盡大K線」時，稱為「跌盡止跌不跌陽食線陽食N陽反向對應線ㄩ型反轉向上買進訊號」或主關係K線是「陰跌緩大K線」時，則稱為「跌緩止跌不跌陽食線陽食N陽反向對應線ㄩ型反轉向上買進訊號」；又由於ㄩ型缺口整理形似「島嶼」，故也稱為「ㄩ型島狀陽反向對應線」，以上可一律簡稱為「陽反向對應線」買進訊號。

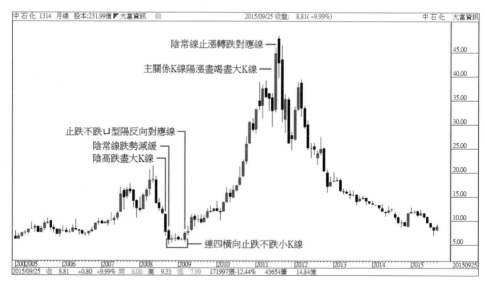

（6-7-921 中石化月線圖）

　　此關係若為「陰食線」時，則為跌破轉跌「陰食線陰食N（四）陰大K線」與主關係K線「陽漲盡竭盡大K線或陽漲緩大K線」形成一陽一陰、一漲一跌、一紅一黑的先陽後陰「陽大K線」與「陰大K線」的「陽陰反向對應」關係，因其主關係K線為「陽漲盡竭盡大K線」時，稱為「漲盡止漲不漲陰食線陰食N陰反向對應線ㄇ型反轉向下賣出訊號」（圖6-7-9-22、923）；若主關係K線為「陽漲緩大K線」時，稱為「漲緩止漲不漲陰食線陰食N陰反向對應線ㄇ型反轉向下賣出訊號」或「ㄇ型島狀反轉」，以上可以一律以「陰反向對應線」簡稱之！

　　「對應線」與「反向對應線」，兩者差別在於－－

　　「對應線」在於上漲大陽大K線時與對應線為向上前後對應關係，是「止漲不漲、轉跌起跌」變盤訊號；在下跌大陰大K線時與對應線為向下前後對應關係，是「止跌不跌、轉漲起漲」變盤訊號。

　　「反向對應線」則為整理橫向對應關係，是「止漲不漲、轉跌起跌」或「止跌不跌、轉漲起漲」訊號。

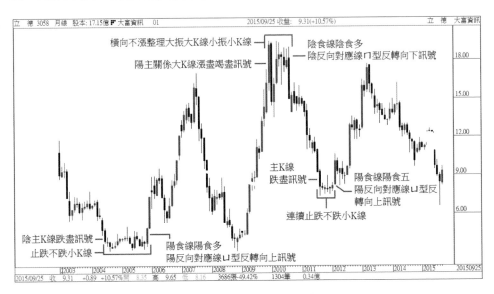

（6-7-9-22 立德月線圖）

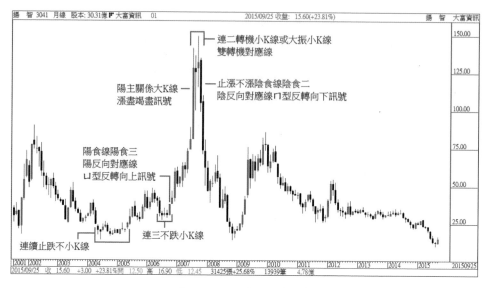

（6-7-923 陽智月線圖）

10. 並線與連續並線

所謂「並線」是「並線對應」的簡稱，為連續兩K線型轉折線，係指兩K線大小略同對稱之一對一「K線」，且兩K線形成平行橫向向左右並排並列之相對應之意，稱為「並線對應」或「對應並線」。

1. 大K線「並線對應」

稱為「大K線大並線對應」或「大並線」對應；小K線「並線對應」，稱為「小K線小並線對應」或「小並線」對應。

大振轉機線，可稱為「大振大K線」，亦可稱為「大振小K線」。

「並線對應」同一食一「食K線」。

「大K線大並線對應」，是Ｖ型和Λ型反向對應反轉訊號！同時也必伴隨大成交量、RSI指標出現R高（低）或R天高（地低）、R正（負）乖大、R金（死）交、M天高（地低）、M正（負）乖大、平均線正（負）乖大（圖6-7-1011、12、13）。

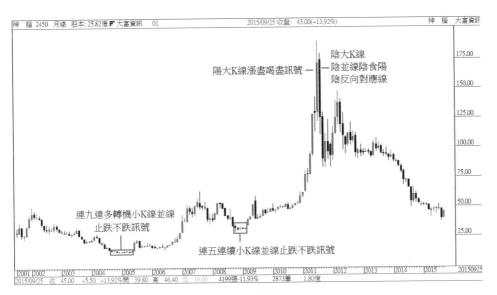

（6-7-1011 神腦月線圖）

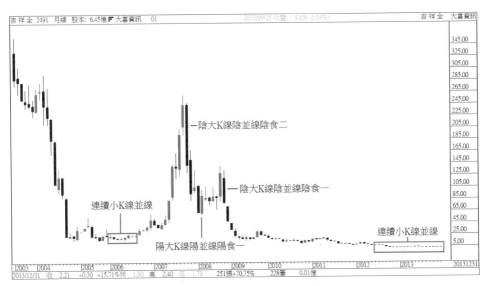

（6-7-1012 吉祥全月線圖）

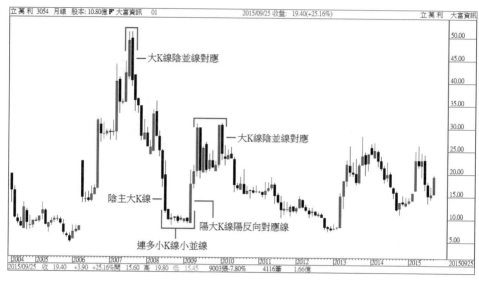

（6-7-1013 萬國月線圖）

「小K線小並線對應」在低檔區是止跌不跌訊號，在高檔區是止漲不漲訊號（圖6-7-1011、13、14、15）

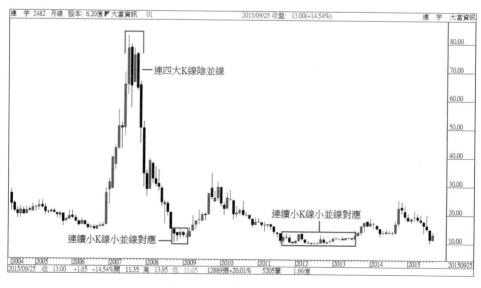

（6-7-1014 連宇月線圖）

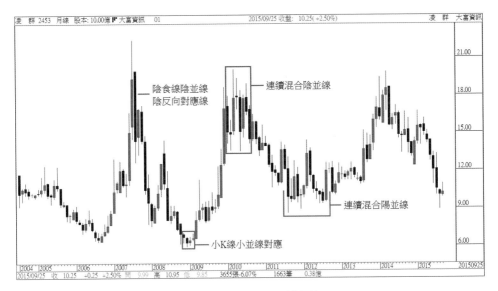

（6-7-1015 凌群月線圖）

　　「並線」對應方式為今日K線需蓋越昨日K線至少2/3以上，並以目視可輕易辨識者，且必須是以下「對應」關係－－

　　◉　「一陽一陰」，是先陽後陰之陽陰兩大K線橫向左右並列，稱為「陽陰並線對應」，也就是陰K線併吞包覆陽K線，故也稱為「陰並線」，「陰並線」是反轉跌下訊號，所以「陰並線」也稱「下陰並線」、「下並線」；或「一陰一陽」，先陰後陽之陰陽兩K線橫向左右並列，稱為「陰陽並線對應」，也就是陽K線併吞包覆陰K線，故也稱為「陽並線」，「陽並線」是反轉漲上訊號，所以「陽並線」也稱「上陽並線」、「上並線」（圖6-7-1016）。

　　◉　「一紅一黑」稱為紅黑並線對應或「一黑一紅」稱為黑紅並線對應。

　　◉　「一漲一跌」稱為漲跌並線對應或「一跌一漲」稱為跌漲並線對應。

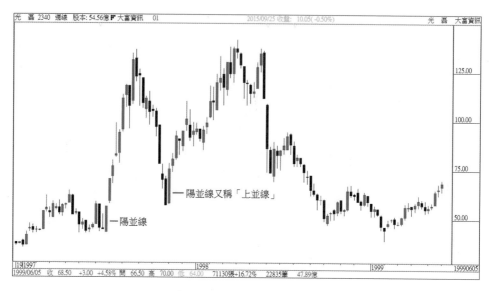

（6-7-1016 光磊週線圖）

在指數日K線圖上，「並線」之兩K線中必須有一K線屬於「轉折線」；週、月線和個股例外。

◎ 陰陽並線轉折：兩K線中只要一方具轉折線或雙轉折線，昨陰今陽、先陰後陽。

◎ 陽陰並線轉折：只要一方具轉折線或雙轉折線，昨陽今陰、先陽後陰。

◎ 陰陽並線雙轉折：兩K線皆必具有轉折線或一方為雙轉折線，昨陰今陽、先陰後陽。

◎ 陽陰並線雙轉折：兩K線皆必具有轉折線或一方為雙轉折線，昨陽今陰、先陽後陰。

◎ 上升走勢型出現「陽陰並線」，先陽後陰K線，稱為「陰並線對應」；陰並線對應為「漲轉跌」訊號；下降走勢型出現「陰陽並線」，先陰後陽K線，稱為「陽並線對應」；陽並線對應為「跌轉漲」訊號。

◉ 「陰並線對應」為 Λ 尖頭反轉訊號。

◉ 「陽並線對應」為 V 型反轉訊號。

2. 「連續並線」

　　係指橫向走勢的「連三並線」、「連四並線」、「連五並線」和「連續多K並線」之「連續小K線」或「連續大K線」（較少見）的連續轉折並線、連續轉機並線。

◉ 「連續混合並線」，是指「連續並線中之轉折線與轉機線交互穿插交雜」之並線，為複數組合的 向左右並列振盪整理型態；其型式為「並線相連」、「轉機線相連」相互混合的橫向組合K線；其技術意義為價與RSI指標「作頭」或「作底」；因其K線少，所以其頭較小，如頭是「小頭」、其底也是「小底」（圖6-7-1021）。

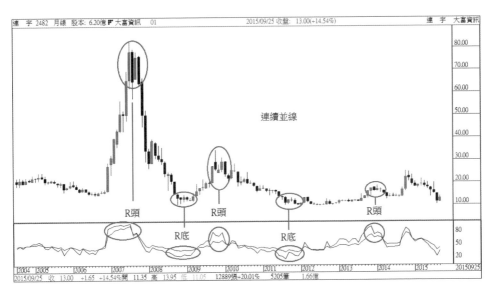

（6-7-1021 連宇月線圖）

　　「連續轉機並線」，連續並線型橫向整理，屬於「小型態整理」。

◉ 上升走勢型出現「連三並線」、「連四並線」、「連五並線」型

　　橫向整理型態，為價與RSI指標「作頭」，其頭部型態可能是「平頭」、「圓頭」、「M雙頭」、「三尊頭」、「頭肩頂」、或其它頭型，作頭為賣出訊號。

◉ 下降走勢型出現「連三並線」、「連四並線」、「連五並線」型向整理型態，為價與RSI指標「作底」，其底部型態可能是「平底」、「圓底」、「W雙底」、「三重底」、「頭肩底」或其它底型，作底為買進訊號（圖6-6-1021）。

◉ 「連續多K並線對應」，就是一陰一陽、一紅一黑、一漲一跌的「連續小K線小並線」橫向整理走勢的「連續轉折線、對應線、轉機線、並線轉折的連續線」等，轉折線複式混合體。

但值得注意的是－－

　　對應線走勢為上升和下降型，並線為橫向型，也就是說當走勢由上升高檔轉為橫向不漲或是由下跌低檔轉為橫向不跌時，必須注意行情將出現轉折待變的止漲不漲賣訊或止跌不跌買訊。（圖6-7-1022、23）

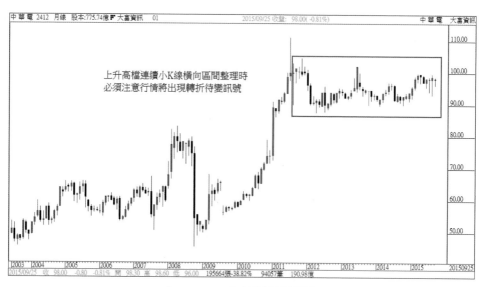

（6-7-1022 中華電月線圖）

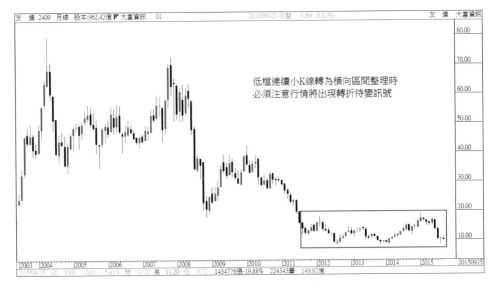

（6-7-1023 友達月線圖）

6-8 K線轉折的走勢模式型態

從前面「轉折線」、「漲跌振幅」與「大K線、小K線」之說明定義，可以知道這些是行情轉折的買賣訊號！

接下來談談「大K線」與「小K線」，在「走勢三向」型態買賣模式。

K線由下向上漲升或由上向下跌降之走勢行進，必呈現下列三種狀況中的幾種走勢模式——

(1)由起漲漲升或起跌跌降之「K線漲、跌、振幅大小」，由大K線轉為小K線、漲幅大轉為漲幅小之「頭大尾小、由大而小」或「K線漲、跌、振幅大小」，由小K線轉為大K線之「頭小尾大、由小而大」。

(2)由起漲漲升或起跌跌降之「波段大小」，由大波段轉為小波段，越走越小之「頭大尾小」，由波幅大轉為波幅小或由小波段轉為大波段，越走越大之「頭小尾大、由小而大」。

(3)由起漲漲升或起跌跌降之「波段K線多寡」，由「多K線」轉為「少K線」之K線越走越少之「頭大尾小、由多而少」或由「少K線」轉為「多K線」之K線越走越多之「頭小尾大、由少而多」時⋯。

1. 漲升「頭大尾小」型

當行情走勢由突破起漲至漲盡竭盡，突破起漲出現「頭大」時，表示行情一啟動，即以快速急漲大漲方式行進，投資人因看好後市爭相踴躍投入，K線連續大漲急漲飆漲，漲、振幅擴大、價量俱揚，人氣快速回籠聚集、市場買氣空前熱絡、投資人追價積極，一股難求；爾後K線走勢漲、振幅逐漸減緩縮小走弱，呈現「尾小、波段漲幅小、波段K線少」的小K線，表示接續買盤已出現後繼無力、遲滯不前及獲利回吐賣壓漸趨加重；當走勢持續縮小，愈縮愈小時，表示後續進場買進者似已驚覺行情漲勢不再、心態轉趨保守、市場氣氛轉趨觀望，多單獲利逐漸退場，賣壓沉重、人氣交易轉為平淡，顯然行情已出現上升無力的「止漲、不漲」漲不上去的賣出訊號；這是典型的「先熱後冷、先大後小」的收斂行情。（圖6-8-11、12）

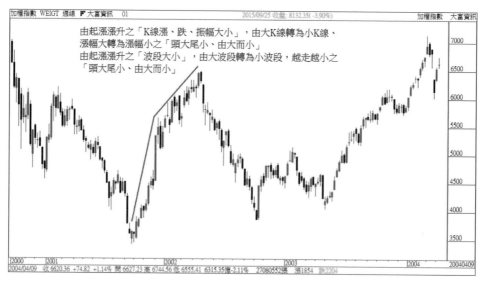

（6-8-11 大盤週線圖）

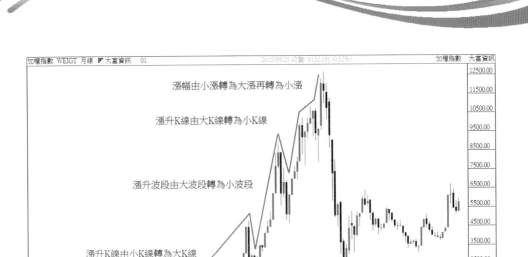

（6-8-12 大盤月線圖）

2. 漲升「頭小尾大」型

當股價由突破起漲出現「頭小」之漲幅小、波段起伏小或波段K線少，表示投資人仍處在空頭情結，雖然行情已出現突破，但對後市還是心存疑慮、態度保留、心態保守，不敢冒然投入；行情初期K線漲、振幅小、價量尚稱配合，隨著行情持續發展連漲數日，人氣開始逐漸回籠、聚集、投資人信心漸增、市場買氣轉趨熱絡、積極；爾後K線走勢漲、振幅逐漸拉大，呈現「尾大」股價漲幅大、波段波動起伏大或波段K線多」，表示投資人持股信心轉趨堅強，追價意願轉趨積極，多頭不願輕易出脫手中持股，導致空手只得以市價追漲，K線漲、振幅也因而快速擴大，顯然漲升趨勢已獲市場高度認同；當市場多方形成一致性的全面行動瘋狂大舉搶進，導致行情出現飆漲一股難求時，市場也因而形成大長陽大長紅的「尾大」股價漲幅大、波段漲幅大」的大K線；當投資人滿手股票的同時，將使買盤後繼接手無力，獲利賣壓也將逐漸出籠，「漲盡、竭盡」不漲的賣出訊號於焉成形；這是典型的「先冷後熱」行情（圖6-8-21）。

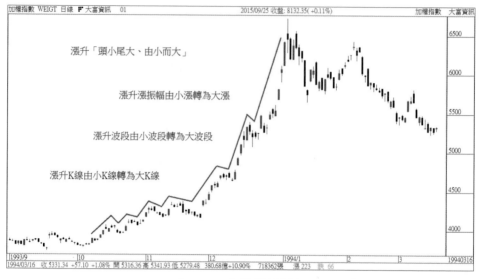

（6-8-21 大盤日線圖）

3. 跌降「頭大尾小」型

　　當行情由初跌起跌出現快速急跌飆跌K線跌、振幅大，表示投資人因居高思危受到驚嚇而急於獲利了結、爭相出脫持股、恐慌出場，造成走勢劇烈振盪、豬羊變色，形成「大長陰大長黑大K線」，市場一片哀鴻、對後市議論紛紛！爾後K線走勢跌勢減緩、振幅逐漸縮小，表示獲利、停損、解套賣壓逐漸獲得疏解，買氣也漸趨萎縮退卻、多空進入保守觀望，盤勢也漸趨穩定，殺價砍價者已大不如前；當K線走勢持續縮小，形成「尾小K線小、波段跌幅小或波段K線少」之小K線，表示後續進場買盤只願低接，但賣方也不願殺低、市場氣氛觀望濃厚、交易清淡，顯然行情已出現殺低無力的「止跌、不跌」跌不下去的買進訊號（圖6-8-31）。

4. 跌降「頭小尾大」型

　　當漲升行情股價已位處高檔時，股價不斷出現跌緩，跌振幅小的「小K線」來回振盪時，由於跌、振幅小到幾乎讓投資人無感而渾然不知，仍心存期待、指望再現新高；但隨著行情持續發展，股價卻默默地、不知不

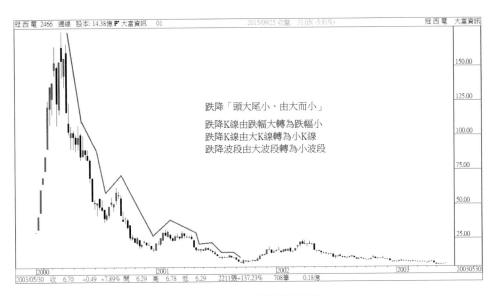

跌降「頭大尾小、由大而小」

跌降K線由跌幅大轉為跌幅小
跌降K線由大K線轉為小K線
跌降波段由大波段轉為小波段

（6-8-31 冠西電週線圖）

覺然地盤跌而下，K線跌、振幅也漸漸地、稍稍放大；待投資人驚覺市場高價不在，反而不斷盤跌屢創低價，投資人開始感到不耐、持股信心隨之動搖，籌碼也出現浮動，跌、振幅也因而開始加大；然市場表現總是不盡人意，當投資人愈是觀望、股價跌幅卻愈跌愈大持股也愈套愈深，在反彈無望下，失望性賣壓隨即蜂湧而至、大舉出籠、傾巢而出，如排山倒海、傾瀉而下，形成「大長陰大長黑大K線」，因而形成了「跌盡、竭盡」的止跌訊號（圖6-8-41）。

5. 漲升與跌降「頭大中小尾大」型

顧名思義，在漲升行進過程先出現突破急漲大K線（頭大），進而轉為漲勢稍緩整理（中小）、再轉為急漲飆漲大K線（尾大）或先出現第一段「波段漲幅大」、第二段「波段整理幅度小」、第三段「波段漲幅大」；或在跌降過程先出現第一段「波段跌幅大」、第二段「波段盤整幅小」、第三段「波段跌幅大」，形成「頭大中小尾大」之走勢（圖6-8-51）。

（6-8-41 群環月線圖）

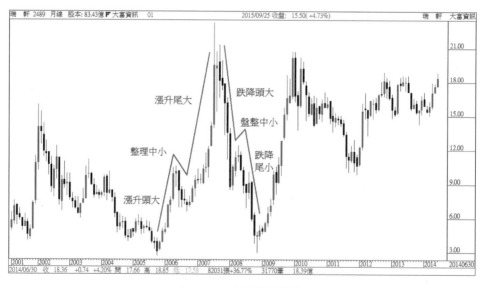

（6-8-51 瑞軒月線圖）

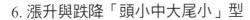
6. 漲升與跌降「頭小中大尾小」型

與5.正好相反，在漲升行進過程起漲初期，股價默默、悄悄地出現往上漲升，由於第一段漲勢緩慢且漲幅小之「頭小或波段漲幅小」，顯然行情並未引起市場注意，當拉回再現第二段漲升時，卻以腳步加快、漲幅加大方式吸引投資人進場，形成「中大或波段漲幅大」的急漲走勢，只惜股市好景不常，當市場普遍看好時，行情卻又陷入第三段的漲緩不漲「頭小或波段漲幅小」的止漲不漲訊號（圖6-8-61）；或當股價初跌初期，不動聲色默默的往下回跌跌幅小，形成第一段「頭小或波段跌幅小」，待回彈盤整第二段回跌卻出現跌勢加快、跌幅擴大，投資人眼見大勢已去，亦紛紛加入減碼賣出行列，致走勢呈現「K線大或波段跌幅大」，顯然要賣想賣該賣的投資人已退場的差不多了；第三段K線跌幅自然就顯得賣壓大幅減輕，跌勢減緩縮小，形成「頭小或波段跌幅小」的止跌不跌訊號（圖6-8-62）！

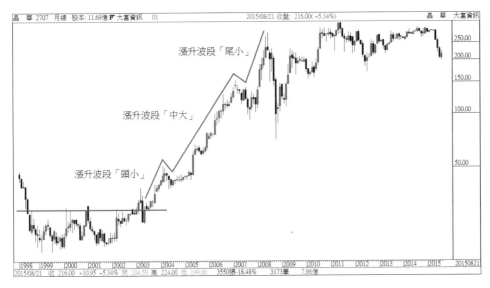

（6-8-61 晶華月線圖）

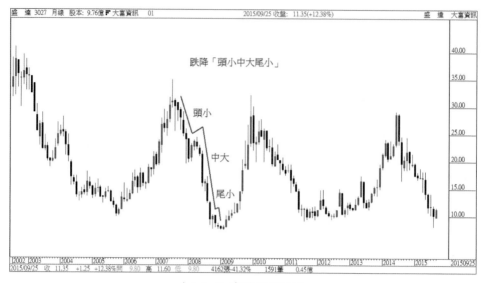

（6-8-62 盛達月線圖）

7. 漲升緩步盤漲「頭大尾小」與跌降緩步盤跌「頭小尾大」：

當股價指數出現「緩漲盤漲」或「緩跌盤跌」時，其K線大都以「小K線」型態方式行進，以來來回回、上上下下、價量尚稱配合、走勢穩健、溫吞的小碎步緩慢向上緩漲盤堅或向下緩跌盤跌，是屬於「驚驚漲」或「默默跌」，不甚引人注意的行情！

這種行情走勢是最不可預知、操作難度也最高，必須具備高度耐心；由於緩漲盤漲或緩跌盤跌走勢非常溫吞和緩，主力操作以小動作的低進高出或高出低進，在高成本、低價差的情況下，必須以時間換取空間而拉長漲（跌）期時間，也才能擴大獲利空間；對投資人而言，在沒有明確的買（賣）訊號下，操作上容易出現誤判、提早出場而錯失大行情大機會。

當「緩漲盤漲」行情走勢出現急跌、跌振幅加大陰線時，為漲勢拉回買進訊號（圖6-8-71）；若出現急漲、連續急漲飆漲，漲振幅大幅擴大「大陽大K線」時，為漲勢結束訊號。

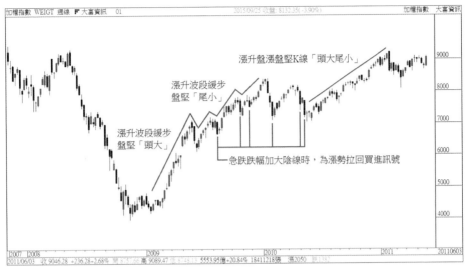

（6-8-71 大盤週線圖）

　　當「緩跌盤跌」行情走勢出現急漲、漲振幅加大陽線時，為跌勢反彈賣出訊號；若出現急跌、連續急跌飆跌，跌振幅大幅擴大「大陰大K線」時，為跌勢結束訊號（圖6-8-72）。

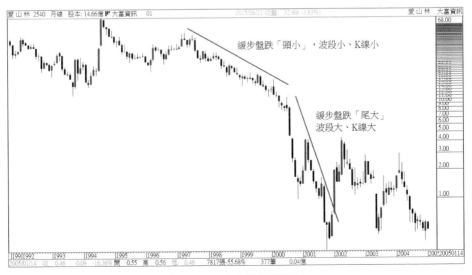

（6-8-72 愛山林月線圖）

8. 整理與盤整整理「頭大尾小」

當股價指數進入區間「整理」或一漲一跌、一紅一黑的一陰一陽橫向振盪整理時，不論是漲升或跌降，其走勢大都以愈縮愈小的「小K線」高檔或低檔盤旋整理；如價在高檔區整理，在立論上應是「久盤必跌」，卻是「看跌不跌」；在「看跌不跌」下理應看漲，但卻又不漲，繼續其「整理待變」的前進方向（圖6-8-81）；或低檔區「盤整待變」整理，立論上應是「盤久必漲」，但卻是不漲；在「看漲不漲」下理應看跌，股價卻又不跌，在看漲不漲、看跌不跌的情況下，多空在狹小的空間裡你來我往，形成不賺不賠、小賺小賠的時間套牢，但雙方仍對後市行情充滿期待，只得繼續觀望、等待…等待轉折變盤（圖6-8-82）！

當然，主力是多變的，除了以上述幾種型態外，其它多不勝舉，但只要把握「大K線與小K線的技術意義，加以運用；記住！「市場多變，投資人應變」！

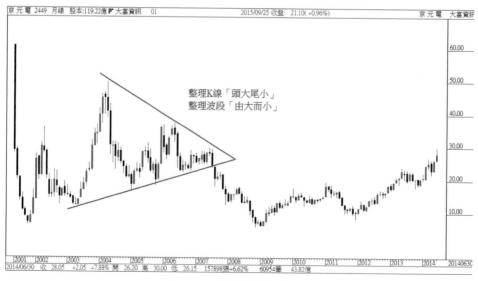

（6-8-81 京元電月線圖）

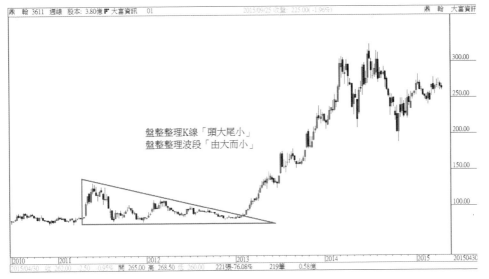

（6-8-82 鼎翰月線圖）

大新解7-均線定位與買賣模式

1. 各週期K線圖之平均線參數和稱謂

週期K線圖代表著的短、中、長各期技術圖，以便讓投資人可按圖索驥，讓自己在選股和操作上有所依據！

平均線就是平均價線，簡稱為「平均線」、「均價線」、「均線」，它代表投資人在某段時間內所持有股票的平均成本，也因為平均線具有多空方向的明確性，讓我們在多空方向的選擇上一目了然，而不致茫然迷失，當然就不會有盲目的追買追賣追價衝動，避免造成無謂的損失和遺憾！

以下為各週期K線圖平均線為「限定均線」參數設定和稱謂（圖7-1-11）

1. 短分線圖（五分鐘）：6、10、30均線，稱為短6、短10、短30；或依序稱為，短第一均線、短第二均線、短第三均線。

2. 刻線圖（十五分鐘）：6、10、30均線，稱為刻6、刻10、刻30；或依序稱為，刻第一均線、刻第二均線、刻第三均線。

3. 半時線圖（三十分鐘）：6、10、30均線，稱為半6、半10、半30；或依序稱為，半第一均線、半第二均線、半第三均線。

4. 時線圖（六十分鐘）：6、10、30均線，稱為時6、時10、時30；或依序稱為，時第一均線、時第二均線、時第三均線。

5. 日線圖：6、10、30、72、144、288均線，稱為日6、日10、日30、日72、日144、日288；或依序稱為，日第一均線、日第二均線、日第三均線、日第四均線、日第五均線、日第六均線。

6. 週線圖：6、13、26、52均線，稱為週6、週13、週26、週52；或依序稱為，週第一均線、週第二均線、週第三均線、週第四均線。

7. 月線圖：6、12、24、120均線，稱為月6、月12、月24、月120；或依序
　　稱為，月第一均線、月第二均線、月第三均線、月第四均線。

註：短分線圖、刻線圖、半時線圖、時線圖，統稱「分、時K線圖」，為期
　　貨操作不可或缺的技術線圖，當然也可以用在個股的當日「短線沖銷」
　　操作及可早期預先知漲跌。

註：日6、日10…之「日」係指日線圖之意；「日6」係指日線圖之6日平均
　　線；又如「月12」係指月線圖之12月平均線。

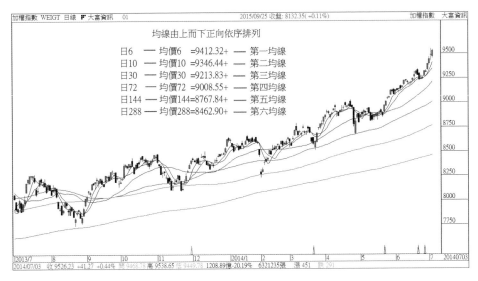

（7-1-11 加權指數日線圖）

7-2 K線圖定位

1. 日K線圖在技術上定位為「日短期K線圖」；其均線又分為「日短期均
　　線」、「日中期均線」及「日長期均線」（圖7-2-11）。

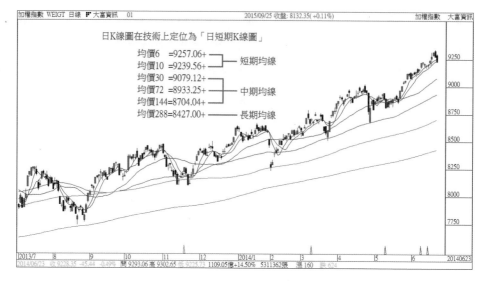

（7-2-11 加權指數日線圖）

2. 週K線圖在技術上定位為「週中期K線圖」；其均線又分為「週中期均線」及「週長期均線」（圖7-2-21）。

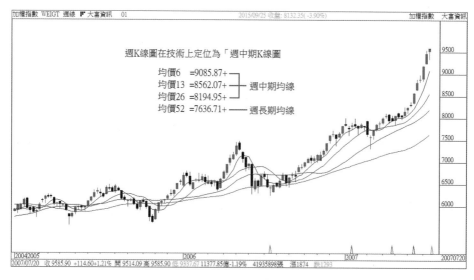

（7-2-21 加權指數週線圖）

3. 月K線圖在技術上定位為「月長期K線圖」；其均線又分為「月中期均線」、「月長期均線」及「月大長期均線」（圖7-2-31）。

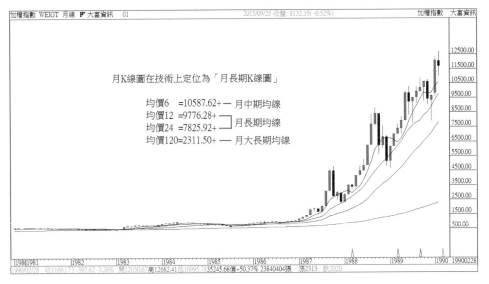

（7-2-31 加權指數月線圖）

7-3 限定均線與概括均線定位

概括均線設定：指市場常用之均線參數。

限定均線設定：本書技術指定參數設定。

下為本技術指定使用的電腦限定均線設定參數

1. 分、時（5、15、30、60分）K線均線組合定位：6、10、30分時三線。

2. 日K線均線組合定位：6、10、30、72、144、288日六線。

3. 週K線均線組合定位：6、13、26、52週四線。

4. 月K線均線組合定位：6、12、24、120月四線。

7-4 平均線定位

1. 短期日線定位

平均線定位是個人使用習慣或因市場交易制度變更，使得市場或個人在週期使用方便上也因而隨之改變。例如台股從過去每週六個交易日變更為每週五個交易日，業界紛將指標RSI及平均線從原本的傳統6日改修正為5日RSI及5日平均線，不過也因此而改變了舊有的6、12和24日均線，從此幾乎不再有人使用！但如此究竟對技術意義有多少幫助，則是見仁見智，這是個人的使用習慣，沒有非如何不可的問題！

以上這些問題只在短期日K線圖上存在！中期週線和長期月線圖仍依照傳統幾乎沒有改變。

平均線就是平均價；其平均價有「開盤價平均」、「最高價平均」、「最低價平均」、「收盤價平均」及「平均價平均」，電腦參數技術設定以「收盤價平均」為設定基礎。

以下為本書限定均線設定如下！雙線以上者表示為糾結「纏線」！

1. 日6線：定位為「短期日6線」。
2. 日10線：定位為「短期日10多空線」。
3. 日30線：定位為「中期日30多空線」。
4. 日6、10線：定位為「短期日6、10多空雙線」。
5. 日6、10、30線：定位為「短、中期日6、10、30多空三線」。
6. 日72線：定位為「中期日72線」。
7. 日144線：定位為「中期日144線」。
8. 日30、72線：定位為「中期日30、72多空雙線」。
9. 日30、72、144線：定位為「中期日30、72、144多空三線」。
10. 日6、10、30、72線：定位為「短、中期日6、10、30、72多空四線」。
11. 日6、10、30、72、144線：定位為「短、中期日6、10、30、72、144多空五線」。

12. 日288日線：定位為「長期日288多空線」。

13. 日6、10、30、72、144、288日線：定位為「短、中、長期日6、10、30、72、144、288多空六線」。

　　以下為概括均線定位供讀者參考！雙線以上為糾結「纏線」！

1. 日6線：定位為「短期日6線」。

2. 日10線：定位為「短期日10多空線」。

3. 日12線：定位為「短期日12線」。

4. 日6、10線：定位為「短期日6、10多空雙線」。

5. 日6、10、12線：定位為「短期日6、10、12多空三線」。

6. 日24線：定位為「中期日24線」。

7. 日30線：定位為「中期日30多空線」。

8. 日6、10、30線：定位為「短、中期日6、10、30多空三線」。

9. 日72線：定位為「中期日72線」。

10. 日144線：定位為「中期日144線」。

11. 日24、30線：定位為「中期日24、30多空雙線」。

12. 日24、30、72線：定位為「中期日24、30、72多空三線」。

13. 日 24、30、72、144線：定位為「中期日24、30、72、144多空四線」。

14. 日6、10、12、24線：定位為「短、中期日6、10、12、24多空四線」。

15. 日6、10、12、24、30線：定位為「短、中期日6、10、12、24、30多空五線」。

16. 日6、10、12、24、30、72線：定位為「短、中期日6、10、12、24、30、72多空六線」。

17. 日6、10、12、24、30、72、144線：定位為「短、中期日6、10、12、24、30、72、144多空七線」。

18. 日288日均線：定位為「長期日288多空線」。

19. 日6、10、12、24、30、72、144、288線：定位為「短、中、長期日6、10、12、24、30、72、144、288多空八線」。

2. 中期週線定位

1. 週6線：定位為「中期6週線」。

2. 週13線：定位為「中期13週線」。

3. 週26線：定位為「中期26週線」。

4. 週6、13線：定位為「中期6、13週雙線」。

5. 週6、13、26線：定位為「中期週6、13、26三線」。

6. 週52線：定位為「長期週52多空線」。

7. 週6、13、26、52線：定位為「中、長期週6、13、26、52四線」。

3. 長期月線定位

1. 月6線：定位為「中期6月線」。

2. 月12線：定位為「長期12月線」。

3. 月24線：定位為「長期24月線」。

4. 月120線：定位為「120月大長期多空線」。

5. 月6、12線：定位為「中、長期月6、12雙線」。

6. 月12、24線：定位為「長期月12、24雙線」。

7. 月6、12、24線：定位為「中、長期月6、12、24三線」。

8. 月6、12、24、120線：定位為「中、長期、大長期月6、12、24、120四線」。

7-5 多空線與操盤線定位

1. 多空線定位

1. 短期日10均線，定位為「短期多空基準線」（圖7-5-11）。

2. 中期日30均線，定位為「中期多空基準線」（圖7-5-11）。

3. 長期日288均線，定位為「長期多空基準線」（圖7-5-11）。

4. 長期月120均線（10年），定位為「大長期多空基準線」（圖7-5-12）。

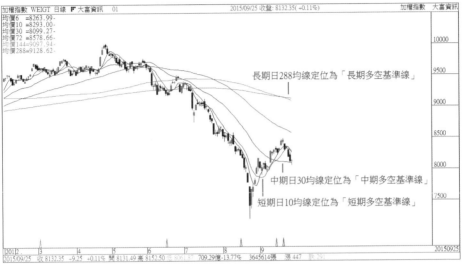

（7-5-11 加權指數圖）

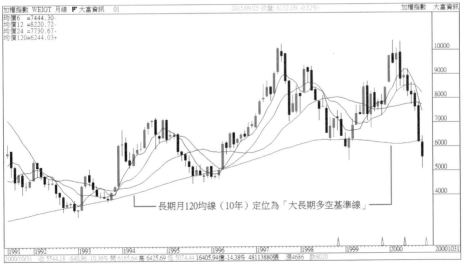

（7-5-12 加權指數圖）

2. 操盤線定位

各週期K線圖之第三均線，定位為「操盤線」。

當各週期線圖之前三均線出現交叉向上時，為漲升趨勢買進訊號；出現交叉向下時，為跌降趨勢賣出訊號！

1. 短期日K線圖第三均線「中期30日多空線」，定位為短期「日線操盤線」。
2. 中期週K線圖第三均線「中期26週線」，定位為中期「週線操盤線」。
3. 長期月K線圖第三均線「長期24月線」，定位為長期「月線操盤線」。

7-6 平均線三大作用定義

1. 平均線有「支撐」和「壓力」作用

當股價在平均線之上，無論平均線是走揚、走平或走跌，股價指數拉回遇平均線，其平均線皆有「支撐」作用，為「買進訊號」；當股價在平均線之下，無論平均線是揚升、走平或走跌，股價指數反彈遇平均線，其平均線皆有「壓力」作用，為「賣出訊號」（圖7-6-11）。

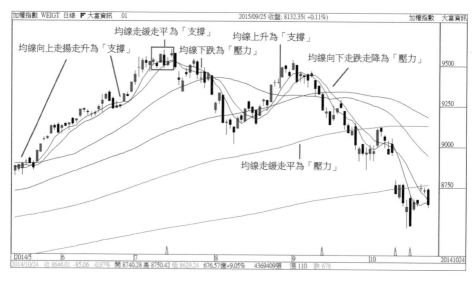

（7-6-11 加權指數日線圖）

2. 平均線有「助漲」和「助跌」作用

均線向上走揚走升有「助漲」作用；均線向下走跌走降有「助跌」作用。

當股價指數突破平均線，平均線由下往上扭轉走揚回升，則平均線向上漲升有「助漲」作用，股價拉回遇平均線，為「買進訊號」。

當股價指數跌破平均線，平均線由上往下扭轉走跌回跌，則平均線向下跌降有「助跌」作用，股價回彈遇平均線，為「賣出訊號」（圖7-6-21）。

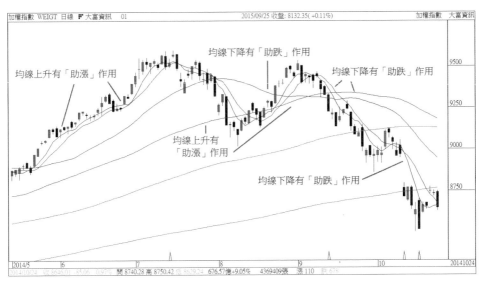

（7-6-21 加權指數日線圖）

3. 平均線有「引力」作用

上引力有「回彈或回升」作用；下引力有「拉回或回跌」作用，應注意應買應賣時機。

當股價跌破平均線，該平均線仍續往上攀升，股價將會向上「回彈」，以拉近價與均線之乖離，此為平均線的「牽引力」作用；平均線向上漲升

走揚，稱為均線「上牽引力」作用或「上引力」作用，為「買進訊號」。

　　當股價突破平均線，該平均線仍續向下走跌，股價將會向下「拉回」，以拉近價與均線之乖離，此為平均線的「牽引力」作用；平均線向下跌降走跌，稱為均線「下牽引力」作用或「下引力」作用，為「賣出訊號」（圖7-6-31）。

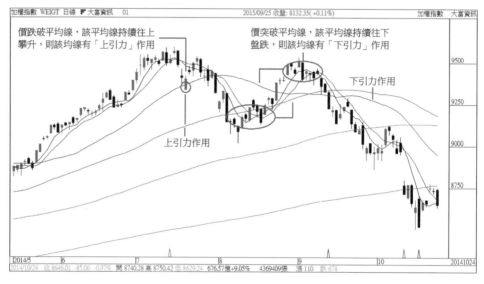

（7-6-31 加權指數日線圖）

　　由以上均線作用可得知，價與平均線之關係在任何情況下，均具有雙重作用，如：

1. 價在均線之上，平均線走揚↑，則平均線具有「支撐」和「助漲」作用。
2. 價在均線之上，平均線走跌↓，則平均線具有「支撐」和「下引力」作用。
3. 價在均線之下，平均線走揚↑，則平均線具有「壓力」和「上引力」作用。

4. 價在均線之下，平均線走跌↓，則平均線具有「壓力」和「助跌」作用。

7-7 多頭空頭與整理

1. 多頭與扇形正乖離

　　凡各週期K線圖之均線，呈順向朝上規則排列者，稱為「多頭市場」或「多頭」；在短期日線圖上稱為「短期日線多頭」；在中期週線圖上稱為「中期週線多頭」；在長期月線圖上稱為「長期月線多頭」。

　　短期日線均線皆向上走揚，6↑、10↑、30↑、72↑、144↑、288↑日短、中、長期六線自上而下、由小而大、由短而長、由近而遠，呈順向朝上規則排列者，稱為「多頭」，股價拉回遇平均線，則平均線有「支撐」和「助漲」作用。

1. 價在「10日短期多空基準線」之上，且10日短期多空線上升走揚，稱為「短期多頭市場」，又稱「短多」，為「短期買進訊號」。

2. 價在「30日中期多空基準線」之上，且30日中期多空線上升走揚，稱為「中期多頭市場」，又稱「中多」，為「中期買進訊號」。

3. 價在「288日長期多空基準線」之上，且288日長期多空線上升走揚，稱為「長期多頭市場」、「大多頭市場」，又稱「長多」或「大多頭」，為「長期買進訊號」。

4. 價在「10年大長期多空基準線」之上，10年大長期多空線上升走揚，稱為「大長期大多頭市場」，又稱「大長期大長多」或「大長期大多頭」，為「大長期買進訊號」。

　　扇形正乖離，凡行情呈現大多頭走勢時，以288日長期多空線為軸線，當各期均線因股價走高而導致正乖離擴大，狀如展開之扇形上半部，應注意賣出（圖7-7-11）！

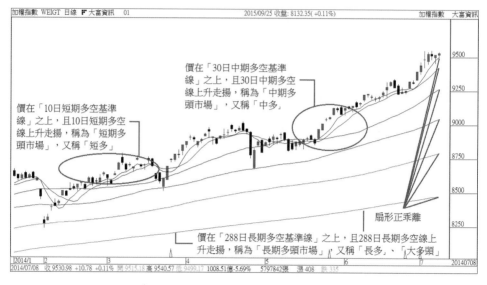

（7-7-11 加權指數日線圖）

2. 空頭與扇形負乖離

　　凡各週期K線圖之均線，呈逆向朝下規則排列者，稱為「空頭市場」；在短期日線圖上稱為「短期日線空頭」；在中期週線圖上稱為「中期週線空頭」；在長期月線圖上稱為「長期月線空頭」。

　　凡各週期均線均向下走跌，288↓、144↓、72↓、30↓、10↓、6↓日長、中、短期六線自上而下，由大而小、由長而短、由遠而近，呈逆向朝下規則排列者，稱為「空頭」，股價反彈遇平均線，則平均線有「壓力」和「助跌」作用。

1. 價在「10日短期多空基準線」之下，且10日短期多空線下降走跌，稱為「短期空頭市場」，又稱「短空」，為「短期賣出訊號」。

2. 價在「30日中期多空基準線」之下，且30日中期多空線下降走跌，稱為「中期空頭市場」，又稱「中空」，為「中期賣出訊號」。

3. 價在「288日長期多空基準線」之下，且288日長期多空線下降走跌，稱

為「長期空頭市場」、「大空頭市場」，又稱「長空」或「大空頭」，
為「長期賣出訊號」。

4. 價在「10年大長期多空基準線」之下，10年大長期多空線下降走跌，
   稱為「大長期大空頭市場」，又稱「大長期大長空」或「大長期大空
   頭」，為「大長期賣出訊號」。

　　扇形負乖離，凡行情呈現大空頭走勢時，以288日長期多空線為軸線，
當各期均線因股價跌降走低而導致負乖離擴大，狀如展開之扇形下半部，
應注意買進（圖7-7-21）！

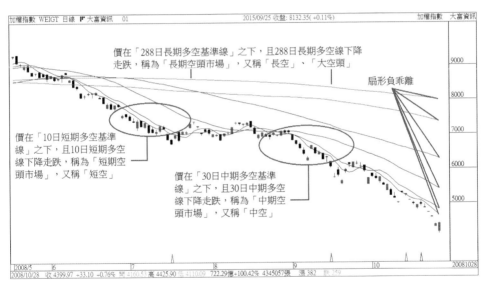

（7-7-21 加權指數日線圖）

3. 整理

　　在各週期K線圖上各期平均線之週期長短、大小，上下呈現不規則參
差，相互交織、交錯、交疊排列者，稱為「整理」；「整理」，處在大多
頭市場裡，稱為「整理」；處在大空頭市場裡，稱為「盤整整理」，簡稱
「盤整」。

◉ 價在「10日短期多空基準線」之上，且10日短期多空線上升走揚形成支撐，股價拉回遇支撐呈多空不明走勢時，稱為「短期拉回整理」。

◉ 價在「30日中期多空基準線」之上，且30（或72、144）日中期多空線上升走揚形成支撐，價拉回遇支撐呈多空不明走勢時，稱為「中期回檔整理」，又稱「中期回整」。

◉ 價在「288日長期多空基準線」之上，且288日長期多空線上升走揚形成支撐，價拉回遇支撐呈多空不明走勢時，稱為「長期回檔整理」，又稱「大整理」。

◉ 價在「10年大長期多空基準線」之上，且10年大長期多空線上升走揚形成支撐，價拉回遇支撐呈多空不明走勢時，稱為「大長期回檔整理」，又稱「大長期大整理」。

◉ 價在「10日短期多空基準線」之下，且10日短期多空線下降走跌形成壓力，股價回彈遇壓，呈多空不明走勢時，稱為「短期回彈盤整」，又稱「彈整」。

◉ 價在「30日中期多空基準線」之下，且30（或72、144）日中期多空線下降走跌形成壓力，股價反彈遇壓，呈多空不明走勢時稱為「中期反彈盤整」，又稱「中期彈整」。

◉ 價在「288日長期多空基準線」之下，且288日長期多空線下降走跌形成壓力，股價反彈遇壓，呈多空不明走勢時，稱為「長期盤整」，又稱「大盤整」。

◉ 價在「10年大長期多空基準線」之下，且10年大長期多空線下降走跌跌形成壓力，股價反彈遇壓，呈多空不明走勢時稱為「大長期盤整」，又稱「大長期大盤整」（圖7-7-31）。

價與平均線正負乖離愈大，拉回或回彈幅度就大，其整理時間也就長；反之，價與平均線正負乖離愈小，拉回或回彈幅度就小，其整理時間也就短。

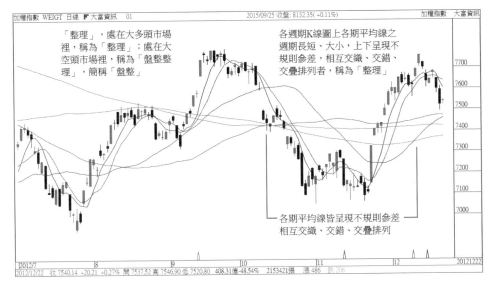

（ 7-7-31 加權指數日線圖 ）

7-8 扣 抵

1.扣抵釋義

　　所謂「扣抵」又稱「扣減」，係指以當價（市價或收盤價）往前倒數扣減「某週期均價K線的收盤價」，這種扣減某週期均價K線的扣減作用稱為「扣抵」；利用扣抵操作可預先知道平均線即將轉漲、續漲、漲緩、走平或轉跌、續跌、跌緩、走平，讓我們有提早做出進出場的心理準備。

　　以扣抵中期30日多空線為例：當價往前倒數第30根K線，此K線稱為「扣抵K線」，其收盤價位，稱為「扣抵價」（圖7-8-11）。

　　當然我們也可以以「當價＋1」扣減某週期均價K線（＋1：表示為「次K線」，以日K線為例，就是次交易日K線，此價以「當價」做為＋1次K線之平盤價，此價稱為「參考價」，其值稱為「參考值」），可達到早先預知進出場先機！

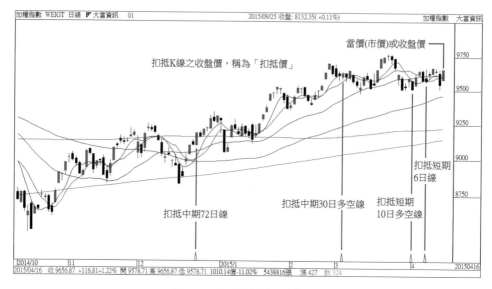

（7-8-11 加權指數日線圖）

　　例如：以扣底10日短期多空K線為例，近10日來股價指數自6日均線上「拉回」至10多空線處或一紅一黑、一漲一跌來回振盪橫向「整理」已是第10個交易日了，此時6與10日短期多空雙線齊聚形成糾結纏線走平，短期多空正處於多空不明的攤牌變盤時刻，按「當價＋1」，也就是「＋1倒屬第十根K線」，這天就是關鍵的一天了，如果這天股價指數往上漲升突破短期多空雙線，則雙線同步交叉向上揚升，形成短期雙線支撐，為買進訊號；若跌破則形成短期雙線壓力，為賣出訊號。

　　以此同樣類推到其它均線上…（圖7-8-12）。

2. 扣抵使用

1. 以任一K線做為「當價」，當扣抵價位愈低，扣抵均線上升的角度就愈陡，均線上升速度就愈快，其支撐力道就愈大，助漲力道也就大；當扣抵價位低趨於平，則平均線上升的角度就愈緩愈小，均線上升速度就慢，其支撐力道就弱，助漲力道也就小（圖7-8-21）。

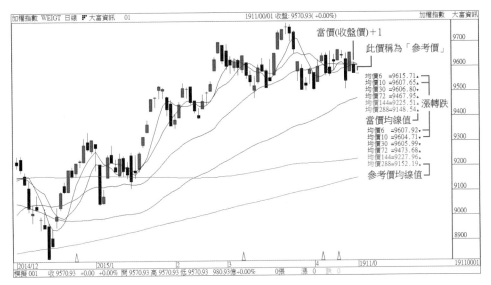

（7-8-12 加權指數日線圖）

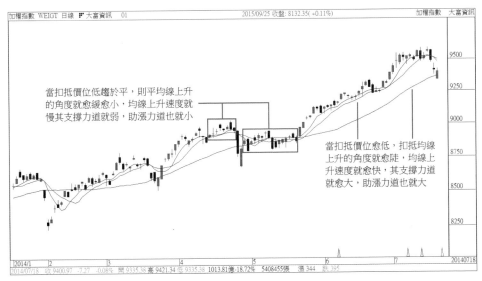

（7-8-21 加權指數日線圖）

2. 以任一K線做為「當價」，當扣抵價位愈高，扣抵均線下降的角度愈
   陡，均線下降速度就快，其壓力就大，助跌力道也就大；當扣抵價位高
   趨於平，則均線下降的角度愈小，均線下降速度就緩，其壓力就弱，助
   跌力道也就小（圖7-8-22）。

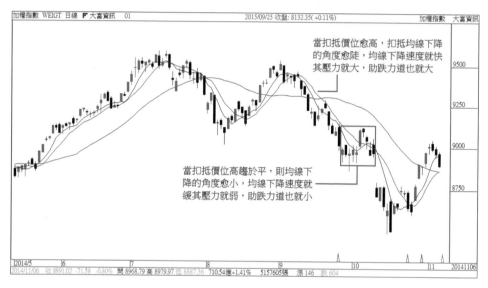

（7-8-22 加權指數日線圖）

◉ 股價漲（跌）幅愈快愈大，扣抵均線乖離就愈大，必以拉回（回
　彈）或橫盤進行平均線乖離修正。

◉ 股價漲（跌）幅愈大，拉回（回彈）幅度就大，整理時間就長。

◉ 扣抵價平，扣抵均線持平，多空不明，應注意走向訊號。

◉ 扣抵價低，扣抵均線上揚或持續上揚，買進持多。

◉ 扣抵價高，扣抵均線下跌或持續下跌，賣出持空。

7-9 纏線與聚線

1. 纏線

　　當股價進入不上不下橫向整理或小幅區間振盪整理時，各週期均線呈現收斂、聚集聚合、糾結扭纏現象，稱為「纏線」。

　　如當股價進入橫向整理或小幅區間振盪整理時，週6、週13線中期雙線形成聚集聚合、收斂交纏糾結扭結現象，稱為中期週6、13雙線「纏線」（圖7-9-11）。

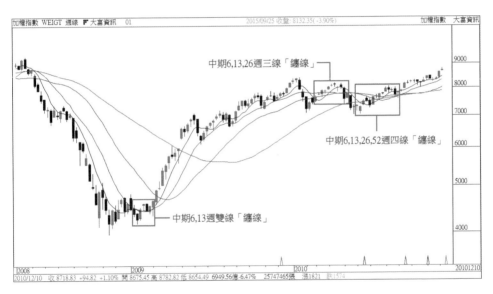

（7-9-11 加權指數週線圖）

　　「纏線」必為雙均線以上糾結交纏，均線糾結纏線越多，表示其橫盤時間就越久，形成纏線多空待變狀態，若一旦突、跌破，則形成的支撐就強、壓力也就重。

2. 聚線

　　當第一均線與第二均線形成「纏線」時，第三扣抵均線持續上揚或下

跌，逐漸向「纏線」靠攏聚集聚合，形成扣抵均線與纏線聚集現象，稱為「聚扣線」，簡稱為「聚線」（圖7-9-21）。

也就是－－「聚線」＝扣抵均線＋纏線。

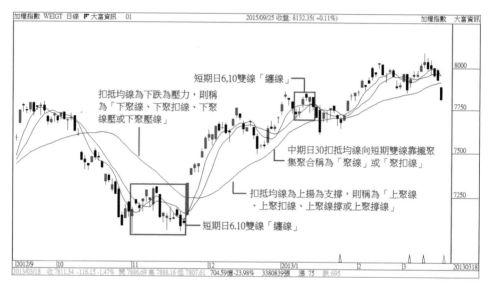

（7-9-21 加權指數日線圖）

舉例說明－－

例如：6、10日短期多空雙線糾結交纏，形成「纏線」，扣抵日30↑中期多空線持續上揚向6、10日短期多空雙線纏線靠攏聚集聚合，形成6、10日短期多空雙線纏線與30日扣抵均線形成短中期三線聚集聚合現象，稱為「聚線」；若扣抵均線為上揚為支撐，則稱為「上聚線」、「上聚扣線」、「上聚線撐」或「上聚撐線」；若扣抵均線為下跌為壓力，則稱為「下聚線」、「下聚扣線」、「下聚線壓」或「下聚壓線」；操作上遇「上聚線」要買；遇「下聚線」要賣。

當短中期日6、10、30三線形成「聚線」時，股價理應出現往上漲上或往下跌下，但結果並非如此，反形成扣抵30日均線加入收斂聚集聚合、糾

結扭結交纏橫向整理或小幅區間整理之不上不下，則再次形成短中期三線「纏線」。

3. 穿線

當各週期K線圖之第三平均操盤線尚處於空頭向下走跌時，出現陽大K線由第一平均線下方一舉由下方向上穿越突破或跳空向上跨越突破三條平均線以上者，稱為「陽穿線」或「陽跨線」；出現「陽穿（跨）線」，是「假突破」現象，應注意突破拉回或回跌（圖7-9-31）。

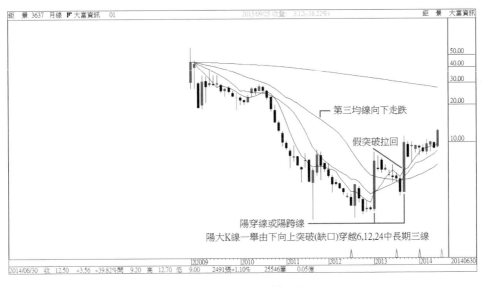

（7-9-31 鉅景月線圖）

當各週期K線圖之第三平均操盤線還處於多頭向上漲升時，出現陰大K線由第一平均線上方一舉由上向下穿越跌破或跳空向下跨越跌破三條平均線以上者，稱為「陰穿線」或「陰跨線」；出現「陰穿（跨）線」，為「假跌破」現象，應注意回彈或回升（圖7-9-32）。

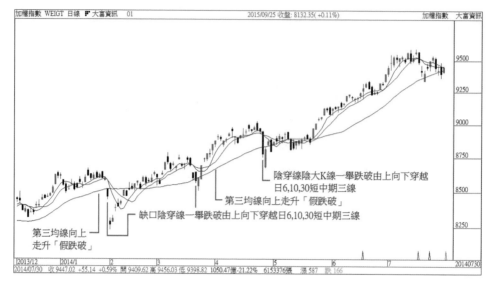

（7-9-32 大盤日線圖）

大新解*8*-成交量定義與買賣模式

8-1 量價原則

1. 量價原則

量似江裡水可載舟；亦如海裡浪可覆舟。

1. 量比價先漲－－漲

◉ 有量才有價，股價上漲，量需緩步擴增。

◉ 量價不可連續背離，背離是危險訊號！

◉ 量擴增太快，若非漲期不長，就是漲幅不大。

2. 量比價先跌－－跌

◉ 高檔小量後有低價，小量伴隨小漲、小跌、小振是危險訊號！

小量出現於波段上升行進中，表示多頭出現追高意願不足，逢高賣壓漸增，行情雖有高價，但已現隱憂，應伺機逢高賣出。

高檔小量整理是「久盤」，小量久盤，必跌！

◉ 低檔伴隨小量、小漲、小跌、小振是「價穩量縮」進場訊號。

◉ 低檔小量若持續伴隨小振、小漲、小跌，表示空頭殺低和多頭追高意願不高，形成多空僵持對恃、買盤觀望，成交量萎縮，形成小量。

◉ 小量若出現於大空頭市場，表示等待解套者眾，卻又不願殺低求售，買盤只願消極性低接，則行情小量或有低價，多頭應持續觀望。

3. 低檔量比價先漲－－漲

◉ 小量現象，經媒體報導，當日成交量創＊年來新低量；此為「價量平穩」現象。

◉ 低檔整理末端「量增價穩」，表示市場主力出現作量意圖，此為行情發動訊號！應趁機擇股買進，股價即將大漲訊號。

◉ 量比價先漲為主力進場訊號，行情低檔不多，股價即將出現突破，大漲前兆。

4. 股價上漲量需緩步擴增

◉ 有量才有價，股價上漲須量價同步配合。

◉ 股價上漲，量需緩步擴增，表示市場投資人對行情漸趨樂觀，但仍具戒心不敢大量投入，此為多空換手轉趨積極，主力作手趁機墊高投資人持股成本，令短線賣出者高價追回，以達借力使力，抬高股價。

◉ 股價上漲，量緩步擴增，表示市場還有高價，主力無意就此結束行情。

◉ 股價上漲，量緩步擴增，通常處於行情發動起漲區，投資人應擇優抱牢持股。

◉ 股價上漲，量緩步擴增，可能出現振盪緩步趨堅驚驚漲、漲勢持久行情。

5. 量價不可連續背離

◉ 量價出現連續背離，上漲量縮表示市場追高不足；下跌量增，表示大戶採賣多買少振盪壓低賣出，籌碼供應主動積極。

◉ 漲升高檔區出現價量連續背離時，是危險訊號！多單應逢高退出。

◉ 高檔橫向或區間整理，出現量價背離現象，此為整理做頭，應於整理區逢高擇機賣出。

6. 量擴增太快若非漲期不長，就是漲幅不大

- 量擴增太快，表示市場主力只意採取短線操作，大進大出，大量急拉沖銷，以吸引投資人進場追價，致成交量快速擴增，價量不穩、浮額亂竄、振盪激烈，以達到其短線價差目的。

- 量擴增太快，是「急拉」現象，應短線應對，持股不可久抱。

- 量擴增太快，該成交量似金雞獨立般非常突兀性的矗立於線圖上，通常為行情結束訊號。

- 量擴增太快，為反彈波個股輪漲輪彈；操作策略以低接未出量反彈者，於盤中見大量急拉或暴量或漲停即出，採短線操作。

8-2 成交量的轉折定義

1. 窒息量

- 「窒息量」是量的低檔轉折買進訊號，較適用於大盤（圖8-2-11）。

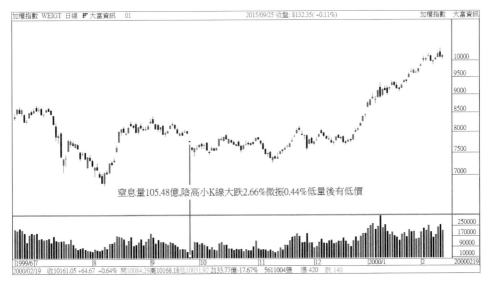

（8-2-11 大盤日線圖）

◎ 窒息量在技術上為「價穩量縮」小K線，小振、小漲、小跌以下為其特色。

◎ 窒息量為創近期低量、歷史低量、平歷史低量或創多少年來低量。

◎ 窒息量見諸於媒體報導，應加以注意。

　　「窒息量」見於日K線圖上盤整波橫向低量狹幅振盪盤整，行情處於極度低迷狀態，投資人因沖銷進出無利可圖，紛紛退出市場，致人氣渙散、交投低迷、營業廳裡冷冷清清，投資人觀望氣氛濃厚，個股振幅，上下兩價，猶如一攤死水，空頭無力殺低，市場氣氛異常沉悶，成交量小的可憐，此量稱為「窒息量」，投資人應逢低進場幾無風險可言，大行情等著您！

2. 見底量

◎ 見底量常見於大盤週K線和月K線，其形成原因多為該週適逢連續假期休市或該月適逢多次連續假期或遇天災休市，導致交易日減少，成交量自然遽縮，此類量稱為「見底量」，又稱為「谷底量」，俗稱「凹洞」應買進作多（圖8-2-21）。

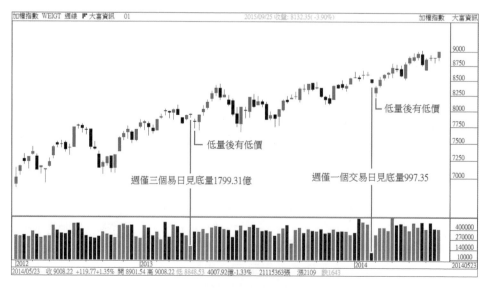

（8-2-21 大盤週線圖）

3. 頭部量

◉ 漲升波高檔出現股價指數來回振盪橫向區間整理或一紅一黑橫向整理，
   一旦股價跌破其高檔整理區，則其整理區量轉為頭部區套牢壓力，其量
   稱為「頭部量」，是賣出訊號（圖8-2-31）！

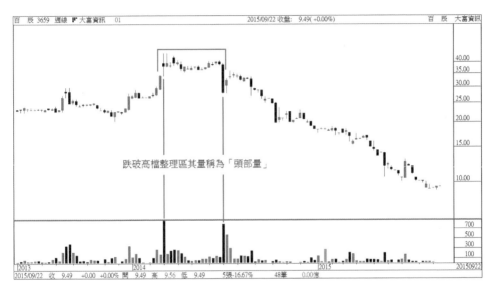

（8-2-31 百辰週線圖）

4. 底部量

◉ 大多頭市場股價指數於高檔區，因漲幅已大，短中長期各均線正乖離急
   遽擴大，亟待進行大回檔大修正至288日長期多空支撐線進行大底部區
   擴底大整理，以縮小各期均線之乖離，一但股價指數突破其大整理底部
   區，則其整理底部區量形成底部獲利支撐，稱為「底部量」為買進訊號
   （圖8-2-41）。

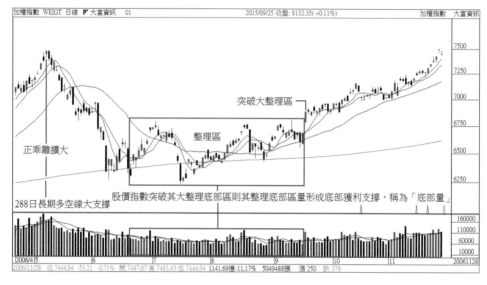

（8-2-41 大盤日線圖）

◎ 大空頭市場股價指數於低檔出現大跌急跌，因跌幅已大，短中長期各均
　線距288日長期多空線負乖離急遽擴大，亟待進行盤整擴底整理修正，
　以縮小各期均線之乖離，一但指數突破其盤整擴底整理區，則其盤整擴
　底盤整整理區量形成底部獲利支撐量，其量稱為「底部量」為買進訊號
　（圖8-2-42）。

5. 突破攻擊量

◎ 突破攻擊量又稱「突破量」：當股價指數經利空趕底，股價指數急速下
　跌，K線依序突破短期日6線、短期日10多空線、中期日30多空線轉折
　大漲大紅線以上或K線經長時間整理，一舉突破短中期日6、10、30三
　線糾結纏線或突破大盤整整理區，且日成交量突破6、12日平均量，同
　步出現量價俱揚、量價突破，則攻擊量確立（圖8-2-51）。

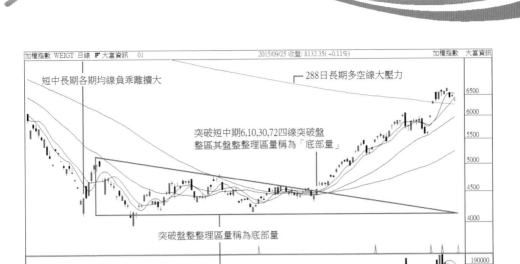

（8-2-42 大盤日線圖）

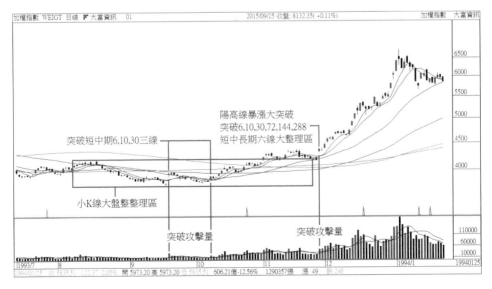

（8-2-51 大盤日線圖）

◉ 當行情處於大盤整橫向小量狹幅盤整底部區末端，出現大漲、巨漲長紅線或暴漲大長紅線，巨量或暴量突破大盤整區或突破短期6日線、短期6、10日雙線、短中期6、10、30日三線或大突破288日均長期多空線，其量稱為突破「攻擊量」，多頭漲升行情就地展開，應全力買進（圖8-2-52）。

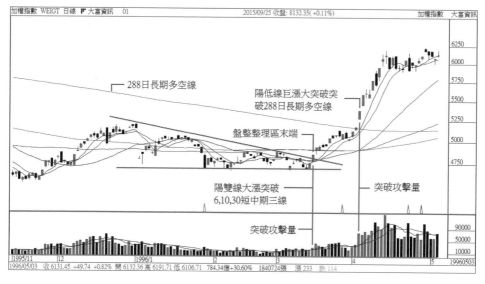

（8-2-52 大盤日線圖）

6. 整理量

◉ 大多頭市場回整、中期回整整理波，指數出現拉回量縮區間整理，其整理區之交易量，稱為「整理量」（圖8-2-61）。

◉ 大空頭市場反彈盤整、中級反彈盤整、大反彈盤整之盤整整理波，指數出現反彈區間整理，其盤整整理區之成交量，稱為「盤整」整理量（圖8-2-62）。

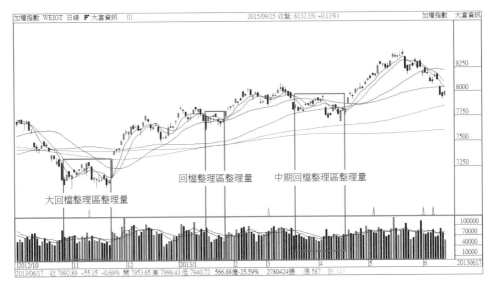

（8-2-61 大盤日線圖）

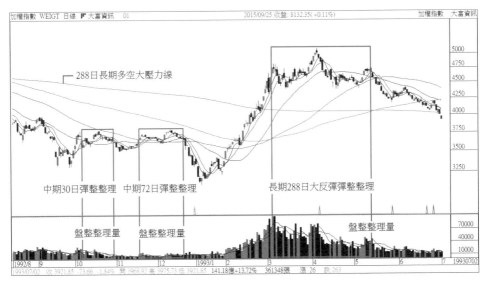

（8-2-62 大盤日線圖）

7. 暴量與天量

◉ 「暴量」，等同「見頂量」，是量的危險賣出轉折訊號（圖8-2-71）。

◉ 暴量定義：在指數上為創歷史大量、平歷史大量、創＊年來大量、近期大量或該量與前量之比例大小明顯突兀突出者皆屬之；在個股上，以當時股本計，週轉率≧5%以上者，應注意。

◉ 暴量現象，通常處於上升波段末端，出現利多噴出，作手趁勢借機以大量大幅拉高，吸引投資人大量投入，再以大量殺低，造成行情來回巨幅邊烈振盪，以達低買高賣、買少賣多，高檔籌碼大量供給出貨所造成，此為噴出「暴量」，暴量之後幾無高價，為波段結束訊號。

◉ 當波段行情經過連日上漲，出現利多消息，投資人因而普遍看好後市，紛紛大舉搶進，加以短線沖銷猖獗，導致成交量暴增；若出現缺口轉折、陽轉折線、轉機線轉折或隔日出現量縮價跌或三日內無法再創新量，則「暴量」確立，應賣出持股。

◉ 若暴量出現暴振大長黑或巨振長黑，此為量價同時到頂，價量失控，主因市場過度樂觀，主力作手趁機大量殺低出貨，壓低股價，導致行情快速急轉直下，瞬間豬羊變色大逆轉，此時應全力出脫持股，行情將出現Λ型尖頭反轉向下。

◉ 不論是量價同步到頂，或價先到頂而後量到頂，或量先到頂而後價到頂，行情都將作頭或反轉；總之，量大是禍非福，暴量之後，波段上升行情也就結束了（圖8-2-71、72、73）。

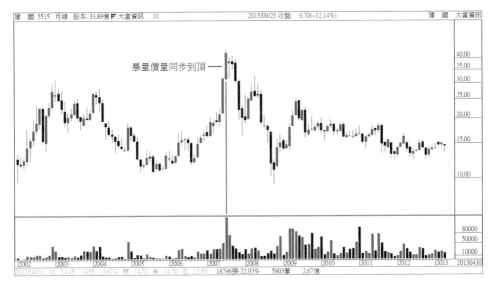

（8-2-71 建國月線圖）

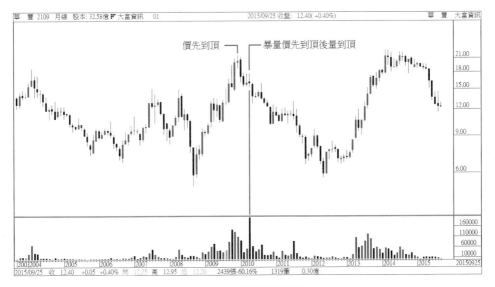

（8-2-72 華豐月線圖）

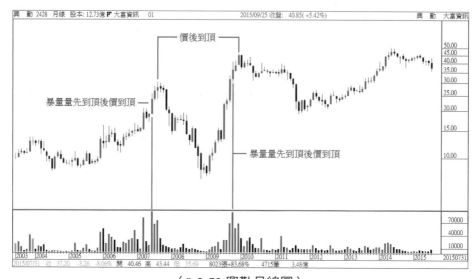

（8-2-73 興勤月線圖）

◉ 大盤指數因利空趕底，出現暴振暴量，是主力洗盤買進訊號！

◉ 若個股出現低檔暴量，如出於個股利空，應注意是否利空出盡！若非，暴量之後，股價不跌，有可能為主力進貨量，應密切注意（圖8-2-74、75、76）！

（8-2-74 神腦月線圖）

（8-2-75 味全日線圖）

（8-2-76 國泰金週線圖）

◎ 天量視同「暴量」，為突破歷史新大量；若行情處於高檔噴出，出現歷史新大量，則高檔有限，應賣出手中持股。

◎ 當市場出現天量時，媒體會大幅報導，應注意。

◎ 出現天量等同暴量，是反轉轉折訊號。

◎ 暴量之後媒體自會大力報導，應注意！

8. 背離量

◎ 漲升波於高檔區，連續出現上漲量縮、下跌量增的「量價背離」背離量時，是危險訊號（圖8-2-81）！

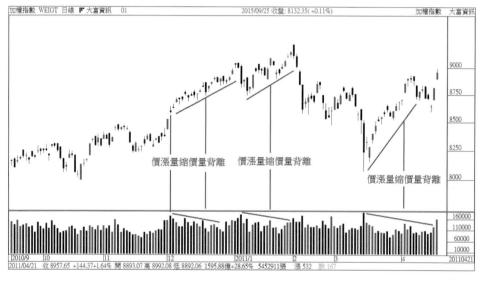

（8-2-81 加權指數日線圖）

◎ 漲升波於高檔區出現量縮整理「背離量」，應主意變盤方向（圖8-2-82）。

◎ 若行情處於波段低檔區，出現急跌暴跌、巨跌、大跌或橫向盤整、區間盤整之量增量比價先行「背離量」，則低價或底部已近，是漲訊升買進訊號（圖8-2-83）！

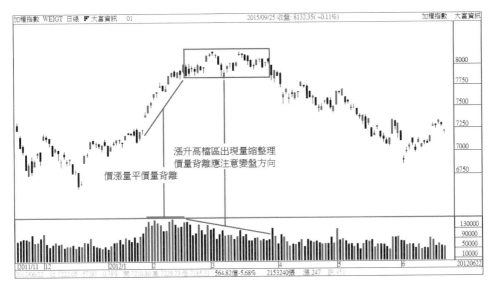

（8-2-82 加權指數日線圖）

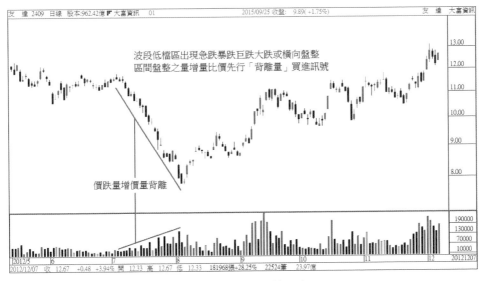

（8-2-83 友達日線圖）

8-3 量價定義

在股票市場上，對於量之定義多、寡、大、小區分莫衷一是；何謂暴量？何謂大量？何謂低量？並沒有一定標準，為讓技術意義更為明確，茲將其定義如下：

◎ 量之大小多寡，以波段K線之漲、跌幅、振幅作為定義基礎。

◎ 當市場出現技術性「突破」時，其漲幅必為「大漲」以上，其量稱為「大量」，則突破量稱為「大量突破」；大突破必為「巨漲」以上，其量稱為「巨量」，大突破量稱為「巨量突破」；若為暴漲，則其量稱為「暴量」，大突破量稱為「暴量突破」。

◎ 大多頭市場初升段為大多頭起漲行情，其漲幅或振幅均在「大漲大振」以上，為大漲、大振漲升行情，其量稱為「大量」，大回升行情，稱為「大量大漲行情」。

◎ 大多頭市場回檔或回整波其量出現跌破6日均量後，成交量明顯小於上升波量，稱為量縮，回檔稱為「量縮回檔」；回整稱為「量縮回整」或「量縮整理」。

◎ 大多頭市場末升段整理、大彈升整理或大整理，其漲、跌、振幅均在0.7%小振以下，為小漲、小跌、小振行情，其量稱為「小量」；其整理走勢稱為「小量整理」。

◎ 大多頭市場大整理波或大空頭市場大盤整波經常出現0.7%小振以下之振幅，為狹幅振盪低迷低振行情，其量稱為「小量」，其走勢為「小量整理」或「小量盤整」整理。

8-4 量價循環關係

1. 大突破－－量價俱揚，巨量或暴量突破。
2. 大多頭市場大回升波－－量大上漲，量價配合。

3. 多頭市場回檔波－－量縮回檔。

4. 大多頭市場中期回整波－－量縮整理。

5. 大多頭市場大回檔波－－量縮價跌。

6. 大多頭市場大彈升波－－量增價漲。

7. 大多頭市場末升段整理、大彈升整理－－ 量價背離，小量整理

8. 大多頭市場大整理波－－量價背離，低量整理。

9. 大跌破－－量增價跌，大量跌破。

10. 大空頭市場大回跌波－－量縮價跌。

11. 大空頭市場反彈、彈整波－－量增價漲（搶反彈者眾）。

12. 大空頭市場大反彈波－－量增價漲。

13. 大空頭市場大壓回波－－量縮價跌。

14. 大空頭市場大盤整波－－小量價穩。

大新解9-RSI定義與買賣模式

9-1 RSI定義

1. RSI指標週期設定：加權6RSI、12RSI（在分、時、日、週、月K線圖全部）。

2. RSI為「相對強弱指標」，由於波段轉折，RSI指標都處在80以上高檔和20以下低檔，故本技術將之定義為「高低指標」。

3. RSI：50定位為多空基準線；50以上游走者為「多頭」為「支撐」；50以下游走者為「空頭」為「壓力」（圖9-1-11）。

4. 6RSI指標在80以上為高檔，稱為「R高」應注意賣出時機；20以下為低檔，稱稱「R低」，應注意買進時機（圖9-1-11）。

5. 6RSI指標在90以上，稱為「R天高」，定義為「超買」，稱為「R超買」，為賣出訊號，應注意賣出；10以下，稱為「R地低」，定義為「超賣」，稱為「R超賣」為買進訊號，應注意買進（圖9-1-11）。

6. 6RSI指標≧80以上，在技術日K線圖上，稱為「短期R高」；在週K線圖上，稱為「中期R高」；在月K線圖上，稱為「長期R高」，應注意賣出。

7. 6RSI指標≦20以下，在技術日K線圖上，稱為「短期R低」；在週K線圖上，稱為「中期R低」；在月K線圖上，稱為「長期R低」，應注意買進。

8. 6RSI指標≧90以上，在技術日K線圖上，稱為「日R天高」或「日短期R超買」是短期賣出訊號；在週K線圖上，稱為「週R天高」或「週中期R超買」是中期賣出訊號；在月K線圖上，稱為「月R天高」或「月長期超買」是長期賣出訊號。

9. 6RSI指標≦10以下，在技術日K線圖上，稱為「日R地低」或「日短期

R超賣」是短期買進訊號；在週K線圖上，稱為「週R地低」或「週中期R超賣」是中期買進訊號；在月K線圖上，稱為「月R地低」或「長期R超賣」是長期買進訊號。

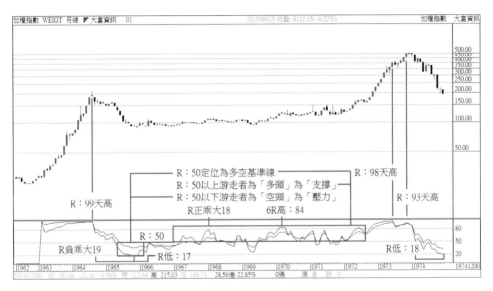

（9-1-11 大盤指數月線圖）

10. 6RSI在低檔區由下向上穿越突破＞12RSI，稱為「黃金交叉」，簡稱「R金交」、突破稱為「R突破」，為買進訊號（圖9-1-12）。

11. 6RSI在高檔區由上向下穿越跌破＜12RSI，稱為「死亡交叉」，簡稱「R死交」、跌破稱為「R跌破」，為賣出訊號（圖9-1-12）。

12. RSI呈現「R金交」時，6RSI在12RSI之上振盪游走者，為多頭漲勢漲升行情，應注意高點及做頭（圖9-1-12）。

13. RSI呈現「R死交」時，6RSI在12RSI之下振盪游走者，為空頭跌勢跌降行情，應注意低點及築底（圖9-1-12）。

14. 在短期日線圖「R突破R金交」或「R跌破R死交」，其突破或跌破之K線需是「轉折線」，其技術的有效性與可靠性較高也較強。

15. 當RSI指標形成黃金交叉時，RSI正乖離≧14以上（6RSI－12RSI為正數），稱為「R正乖大」，在短期日K線圖上，稱為「短期R正乖大」；在中期週K線圖上，稱為「中期R正乖大」；在長期月K線圖上，稱為「長期R正乖大」；正乖大是賣出訊號（圖9-1-12）。

16. 當RSI指標形成死亡交叉時，RSI負乖離≧14以上（6RSI－12RSI為負數），稱為「R負乖大」，在短期日K線圖上，稱為「短期日R負乖大」、在中期週K線圖上，稱為「中期週R負乖大」、在長期月K線圖上，稱為「長期月R負乖大」；負乖大是買進訊號（圖9-1-12）。

17. RSI指標正、負乖離＜14以下，稱為「R正乖小」或「R負乖小」；R乖離小，多空可持續觀望。

18. 正閉合，亦稱「上閉合」：當RSI形成「R金交」時，股價指數拉回6RSI不跌破12RSI的正乖離修正，稱為「R正閉合」，為突破拉回買進時機；負閉合，亦稱「下閉合」：當RSI形成「R死交」時，股價指數回彈6RSI不突破12RSI的負乖離修正，稱為「R負閉合」，為跌破回彈賣出時機（正、負閉合有時出現微微突破或跌破，是可接受的原則例外）（圖9-1-12）。

19. RSI之「R高」或「R天高」，其數值愈高，表示市場超買愈嚴重，技術可靠性愈強，賣出訊號愈明確；若RSI之「R低」或「R地低」，其數值愈低，表示市場超賣愈嚴重，則買進訊號愈可靠（圖9-1-12）。

20. RSI之「正乖離」愈大，技術可靠性愈強，愈要賣出；「負乖離」愈大，愈要買進。

21. 價小漲，RSI指標大漲漲幅大正乖大，此為「價不漲指標漲」，則價漲幅不大，漲期不長；價小跌，RSI指標大跌跌幅大負乖大，此為「價不跌指標跌」，則價跌幅不大，跌期不長；價大漲，RSI指標小漲漲幅小正乖小，此為「價漲指標不漲」，則漲幅必大；價大跌，RSI指標小跌跌幅小負乖小，此為「價跌指標不跌」則跌幅也必大（圖9-1-13）。

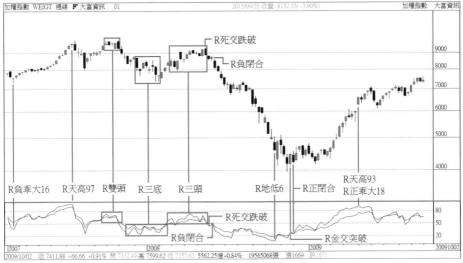

（9-1-12 大盤指數週線圖）

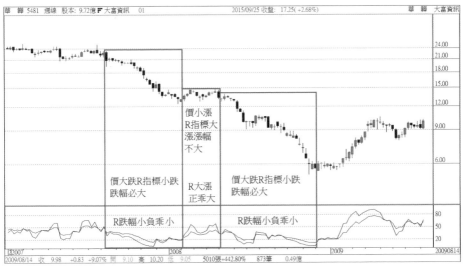

（9-1-13 華驊週線圖）

9-2 RSI的操作模式

1. 6RSI指標在價突破起漲初漲時，RSI出現「R金交正乖小」愈小愈好，
股價大漲機率大，要注意買進（圖9-2-11）。

2. 6RSI指標在價跌破起跌初跌時，即出現「R死交負乖小」愈小愈好，股價大跌機率大，回彈要注意賣出（圖9-2-21）。

（9-2-11 單井週線圖）

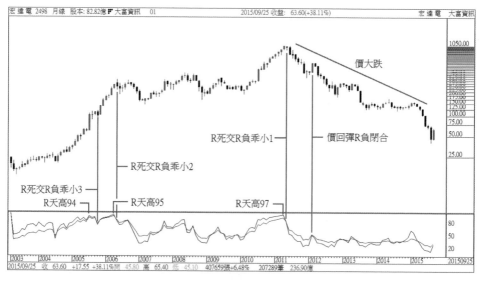

（9-2-21 宏達電月線圖）

3. 在K線圖上，6RSI指標於高檔出現「R高或R天高」與「R正乖大」兩者
同步出現時，應注意賣出（圖9-2-31）。

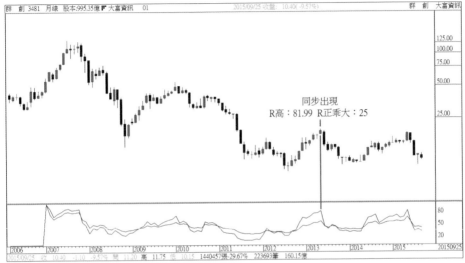

（9-2-31 群創月線圖）

4. 在K線圖上，6RSI指標於低檔出現「R低或R地低」與「R負乖大」兩者
同步出現時，應注意買進（圖9-2-41）。

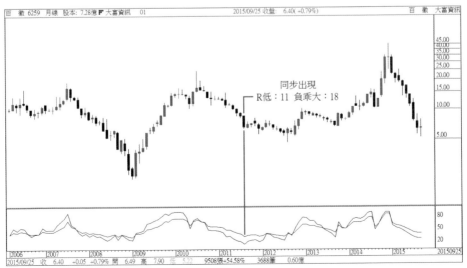

（9-2-41 百徽月線圖）

5. 6RSI處在低檔上升突破起漲初漲時，出現「R突破R金交」、「R正乖小」拉回，是正乖離「正閉合」修正，是拉回買進時機（圖9-2-51）。

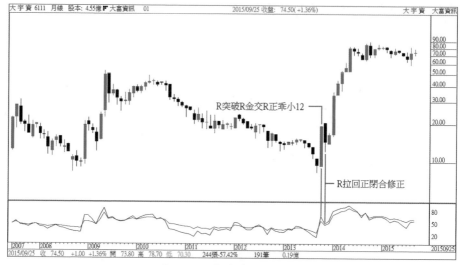

（9-2-51 大宇資月線圖）

6. 6RSI處在高檔跌降跌破起跌初跌時，出現「R跌破R死交」、「R負乖小」回彈，是負乖離「負閉合」修正，是回彈賣出時機（圖9-2-61）。

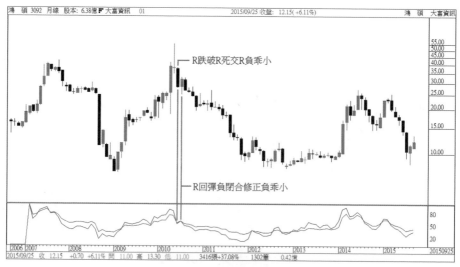

（9-2-61 鴻碩月線圖）

7. 上升行情，當指標出現正乖離修正，股價小跌或大跌，6RSI大幅向下拉回修正呈「正閉合」時，為拉回買進時機（圖9-2-71）。

（9-2-71 單井月線圖）

8. 下跌行情，當指標出現負乖離修正，股價小漲或大漲，6RSI大幅向上反彈修正呈「負閉合」時，為反彈賣出時機（圖9-2-81）。

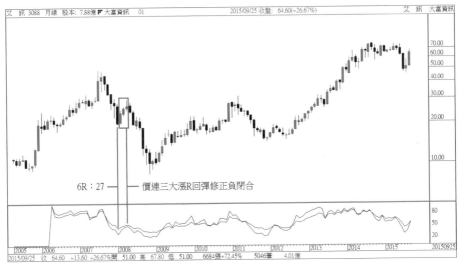

（9-2-81 艾訊月線圖）

9. RSI「正閉合」正乖離經修正之後乖離縮小，股價漲勢加快、漲幅擴大，應買進。RSI「負閉合」負乖離經修正之後乖離縮小，股價跌勢加快、跌幅擴大，應賣出（圖9-2-91）。

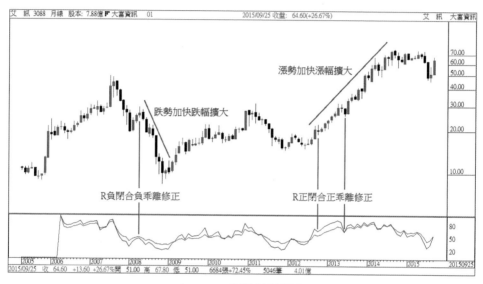

（9-2-91 艾訊月線圖）

10. RSI正乖離≧14以上「正乖大」，拉回、拉回整理或回跌的機率大，應考慮賣出；RSI負乖離≧14以上「負乖大」，回彈、回彈整理或回升的機率大，應考慮買進（圖9-2-101）！

11. RSI指標在操作使用上應著重於高檔、低檔、做頭、築底和背離；6RSI：50以上出現頭部型態完整者，宜賣；6RSI：50以下出現底部型態完整者，應買（圖9-2-111）。

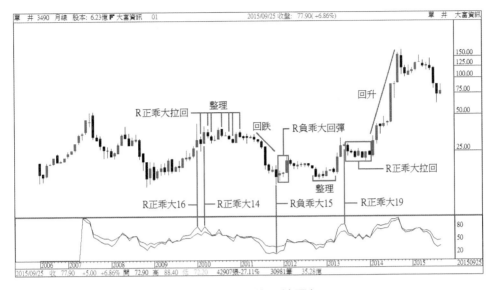

（9-2-101 單井月線圖）

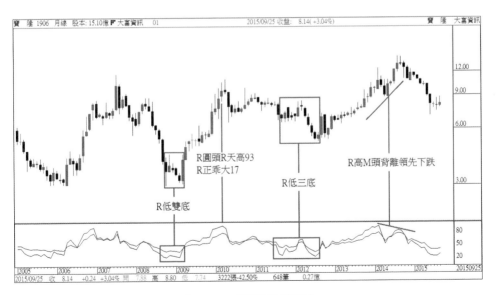

（9-2-111 寶隆月線圖）

12. 當股價在處於上升走勢，價與6RSI指標同時不斷創新高，此為價與指標「漲升同步」；或當股價在處於下跌走勢，價與6RSI指標同時不斷創新低，此為價與指標「跌降同步」（圖9-2-121）。

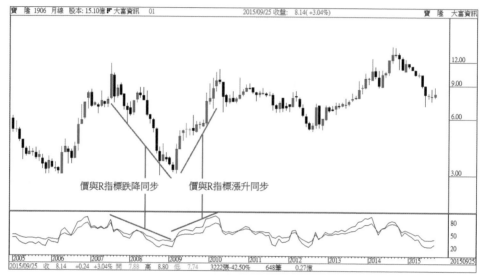

（9-2-121 寶隆月線圖）

13. 漲升波段，6RSI從高檔拉回，若股價指數再創新高，6RSI只平前高或略高於前高，此為RSI指標領先止漲「作頭」現象，應考慮賣出；反之，下跌波段，6RSI於低檔反彈，若股價指數再創新低，6RSI只平前低或略低於前低，此為RSI指標領先止跌「作底」現象，應注意買進（圖9-2-131）。

14. 上升波段，6RSI從高檔拉回，若股價指數再創新高，6RSI則低於前高，此為RSI指標「高檔背離」領先下跌現象，應注意賣出；下跌波段，6RSI於低檔反彈，若股價指數再創新低，6RSI高於前低，此為RSI指標「低檔背離」領先上漲，應注意買進（圖9-2-141）。

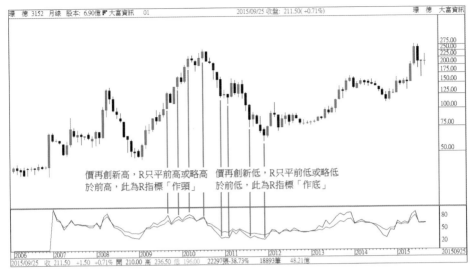

（9-2-131 璟德月線圖）

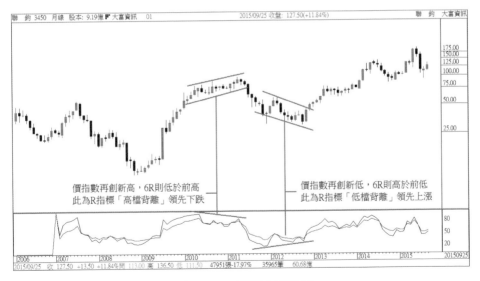

（9-2-141 聯鈞月線圖）

15. 當股價指數於低檔區出現連續價平前低或創低，6RSI呈現一底比一底高背離現象，此為RSI領先上漲，應考慮買進（圖9-2-151）。

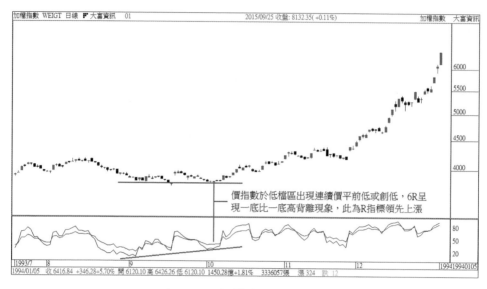

（9-2-151 加權指數日線圖）

16. 當股價指數出現連續走跌創新低，6RSI只平前低形成擴底型三重底或頭肩底或多重底，此為RSI領先止跌築底，應考慮買進（圖9-2-161）。

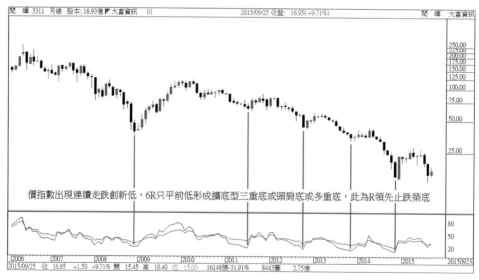

（9-2-161 閎暉月線圖）

17. 當股價指數於高檔區出現連續價平前高、微創新高或創新高，6RSI出現一波比一波低背離現象，此為RSI領先下跌，應伺機賣出（圖9-2-171～172）。

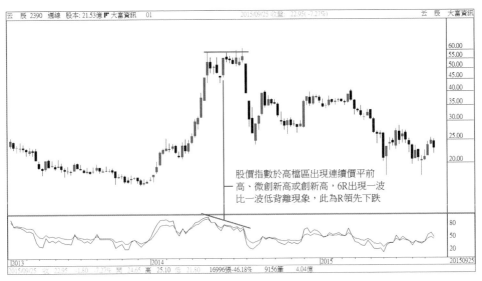

（9-2-171 云辰週線圖）

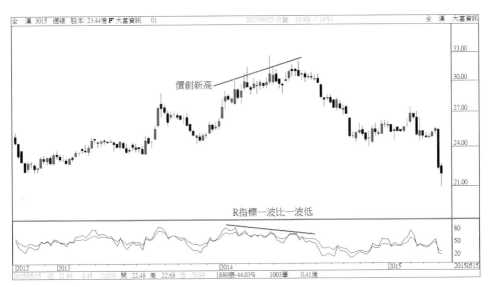

（9-2-172 全漢週線圖）

18. 當股價出現連續走升創新高，6RSI只平前高形成三尊頭、頭肩頂或多重頂，此為RSI領先止漲作頭，應注意賣出（圖9-2-181）。

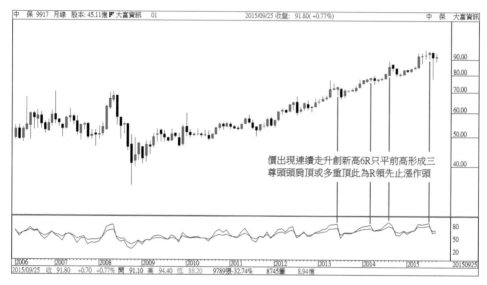

（9-2-181 中保月線圖）

大新解*10*-KD定義與買賣模式

- ◉ KD轉折指標電腦設定：9 K；9D（分、時、日、週、月）。
- ◉ 轉折指標是KD，買進賣出莫遲疑。
- ◉ KD隨機指標，定位為「轉折」指標。
- ◉ KD「轉折」指標，只適用大盤，個股除外（易出現連續漲或跌停板）。
- ◉ K值80以上為高檔，20以下為低檔；90以上為超漲，10以下為超跌。
- ◉ KD兩線雙值均在90以上為賣出訊號；在10以下為買進訊號。
- ◉ KD轉折指標，正乖離20以上，必拉回或以上影線修正；負乖離20以上，必回彈或以下影線修正。
- ◉ 當指數行情處於連續漲升之波段高檔，K線出現「陽雙線」或「陽高線」之轉折線，KD指標之K值出現＞80以上、D值＞70以上，此時KD會呈現如下（10-1圖表《盤中預估表放大圖箭頭處》），從平盤至漲停板價，KD兩值均呈現數值相同現象，稱為「漲勢停止」，此為「指標轉空轉折」波段漲勢結束訊號，應賣出持股（圖10-11）。

今日收盤 9K＝83.80	今日收盤 9D＝74.26
＋7＝89.20	＋7＝79.24
＋6＝89.20	＋6＝79.24
＋5＝89.20	＋5＝79.24
＋4＝89.20	＋4＝79.24
＋3＝89.20	＋3＝79.24
＋2＝89.20	＋2＝79.24
＋1＝89.20	＋1＝79.24
次日平盤 9K＝89.20	次日平盤 9D＝79.24

（10-1圖表）

10-1圖表數據為紅框內數據

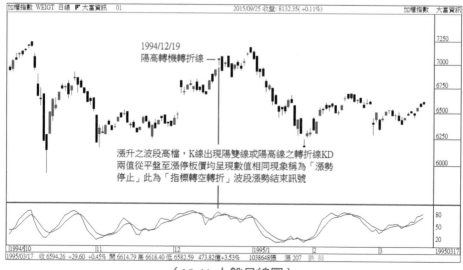

盤中指標預估表

（10-11 大盤日線圖）

1994/12/19
陽高轉機轉折線 ─

漲升之波段高檔，K線出現陽雙線或陽高線之轉折線KD
兩值從平盤至漲停板價均呈現數值相同現象稱為「漲勢
停止」此為「指標轉空轉折」波段漲勢結束訊號

◉ 當指數行情處於連續下跌波段低檔，K線出現「陰雙線」或「陰低線」
之轉折線，KD指標之K值出現＜20以下、D值＜25以下，此時KD會呈
現如下表（10-2圖表《盤中預估表放大圖箭頭處》），從平盤至跌停板
價，KD兩值均呈現數值相同現象，稱為「跌勢停止」，此為「指標轉
多轉折」波段跌勢結束訊號，應買進持股（圖10-22）。

今日收盤 9K＝9.46	今日收盤 9D＝16.82
－7＝6.30	－7＝13.31
－6＝6.30	－6＝13.31
－5＝6.30	－5＝13.31
－4＝6.30	－4＝13.31
－3＝6.30	－3＝13.31
－2＝6.30	－2＝13.31
－1＝6.30	－1＝13.31
次日平盤 9K＝6.30	次日平盤 9D＝13.31

（10-2圖表）

3980.93	4040.97	4044.42	4071.65	4313.32	3995.71	昨日	3919.96	12.80	28.50	38.90	-3.00	-3.60	-0.70	-19.34	-18.64	100.00	100.00		9.46	16.82
6日MA	12日MA	24日MA	72日MA	144日MA	288日MA	預估	指數	6日RSI	12日RSI	24日RSI	24日乖離	72日乖離	MACD	DIF	差	6日%R	24日%R		9日K值	9日D值
4009.93	4047.04	4054.17	4069.59	4310.49	3996.91	+7%	4194.35	73.10	65.20	57.60	3.40	3.00	-1.26	-3.54	-2.28	21.20	21.20		32.55	22.06
4003.40	4043.77	4052.53	4069.05	4310.22	3996.91	+6%	4155.15	70.20	62.50	55.60	2.40	2.00	-1.89	-6.66	-4.77	23.70	23.70		31.71	21.78
3996.86	4040.50	4050.90	4068.50	4309.95	3996.64	+5%	4115.95	66.50	59.20	53.50	1.60	1.00	-2.51	-9.79	-7.28	27.00	27.00		30.62	21.42
3990.33	4037.24	4049.27	4067.96	4309.68	3996.50	+4%	4076.75	61.80	55.40	51.20	0.60	0.20	-3.14	-12.92	-9.78	31.40	38.50		29.15	20.93
3983.80	4033.97	4047.63	4067.41	4309.40	3996.36	+3%	4037.55	55.60	50.80	48.60	-0.20	-0.60	-3.76	-16.04	-12.28	37.70	53.80		26.39	20.01
3977.26	4030.70	4046.00	4066.87	4309.13	3996.23	+2%	3998.35	46.90	45.10	45.70	-1.00	-1.60	-4.39	-19.17	-14.78	47.30	69.20		19.70	17.78
3970.73	4027.44	4044.37	4066.32	4308.86	3996.09	+1%	3959.15	34.00	37.90	42.50	-2.00	-2.60	-5.02	-22.30	-17.28	64.00	84.60		13.00	15.54
3964.20	4024.17	4042.73	4065.78	4308.59	3995.96	0%	3919.96	12.80	28.50	38.90	-3.00	-3.40	-5.64	-25.42	-19.78	100.00	100.00		6.30	13.31
3957.67	4020.90	4041.10	4065.24	4308.32	3995.82	-1%	3880.76	9.70	24.80	36.60	-3.80	-4.40	-6.27	-28.55	-22.28	100.00	100.00		6.30	13.31
3951.13	4017.64	4039.47	4064.69	4308.05	3995.68	-2%	3841.56	7.80	21.90	34.50	-4.80	-5.40	-6.89	-31.69	-24.80	100.00	100.00		6.30	13.31
3944.60	4014.37	4037.83	4064.15	4307.77	3995.55	-3%	3802.36	6.50	19.60	32.70	-5.80	-6.40	-7.52	-34.81	-27.29	100.00	100.00		6.30	13.31
3938.07	4011.10	4036.20	4063.60	4307.50	3995.41	-4%	3763.16	5.50	17.80	31.00	-6.60	-7.20	-8.14	-37.94	-29.80	100.00	100.00		6.30	13.31
3931.53	4007.83	4034.57	4063.06	4307.23	3995.27	-5%	3723.96	4.90	16.20	29.50	-7.60	-8.20	-8.77	-41.06	-32.29	100.00	100.00		6.30	13.31
3925.00	4004.57	4032.93	4062.51	4306.95	3995.14	-6%	3684.76	4.40	14.90	28.20	-8.60	-9.20	-9.39	-44.19	-34.80	100.00	100.00		6.30	13.31
3918.47	4001.30	4031.30	4061.97	4306.68	3995.00	-7%	3645.56	3.90	13.80	26.90	-9.40	-10.20	-10.02	-47.32	-37.30	100.00	100.00		6.30	13.31

盤中指標預估表　　　10-2圖表數據為紅框內數據

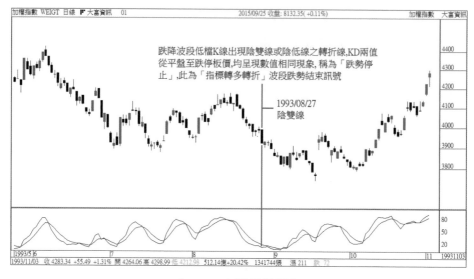

（10-22 大盤日線圖）

◎ 若指數出現「陽高線、陽雙線」或「陰低線、陰雙線」，KD指標之數值在20以上或80以下，未出現「漲勢停止」或「跌勢停止」，則不在此限；但此現象常出現於大回升波段「整裡波」和大回跌波段「盤整波」，稱為「替換轉折」，意指投資人應換股操作。

◎ 大突破大轉折，出現「陽雙線」或「陽高線」指標「漲勢停止」，為大多頭市場起始。或大跌破大轉折，出現「陰雙線」或「陰低線」指標「跌勢停止」為大空頭市場起始，兩者皆不在此限。

◎ KD兩值同步交叉向上，為多頭起漲，應買進；同步交叉向下，為空頭起跌，應賣出。

◎ KD指標數值之正、負乖離16以上，將以「拉回」、「回彈」或以「上、下影線」進行反向修正；若為正乖離，可採急漲賣出；若為負乖離，可採急跌買進，進行當日沖銷或隔日沖銷。

◎ 當KD指標兩值正乖離經股價拉回或以上影線修正之後，KD兩值仍舊往上揚升，多頭持股續抱。

◉ 當KD指標兩值正乖離經修正之後，K值出現向下彎曲，D值仍舊往上揚升，若為多頭上升波段為拉回修正；若為整理波或盤整整理波，則將繼續整理。

◉ 當KD指標兩值正乖離經修正之後，KD兩值乖離縮小，出現股價大漲，KD指標小漲，行情將加速揚升，此為「價漲指標不漲」。

◉ 當KD兩值正乖離縮小，股價大漲，KD指標小漲，行情加速揚升，出現「陽雙線」或「陽高線」指標「漲勢停止」，此為上升波段結束或整理或盤整整理波該段結束。

◉ 當行情處在波段高檔，出現「陽雙線」或「陽高線」指標「漲勢停止」，次交易日以上漲留上影線收盤，則K值必現往下彎曲跌下，此為轉折指標領先止漲下跌，應先出脫持股。

◉ 當KD指標兩值負乖離經回彈或以下影線修正之後，KD兩值仍舊繼續朝下，行情將繼續下跌。

◉ 當KD指標兩值負乖離經修正之後，K值出現向上彎曲，D值仍舊朝下，若為空頭下跌波段為回彈修正；若為整理波或盤整整理波，則將繼續整理。

◉ 當KD指標兩值負乖離經修正之後，KD兩值乖離縮小，出現股價大跌，KD指標小跌，行情將加速下跌，此為「價跌指標不跌」。

◉ 當KD兩值負乖離縮小，出現指數大跌，KD指標小跌，行情加速下跌，若出現「陰雙線」或「陰低線」指標「跌勢停止」，此為下跌波段結束或整理或盤整整理波該段結束。

◉ 當行情處在波段低檔，出現「陰雙線」或「陰低線」指標「跌勢停止」，次交易日以下跌留下影線收盤，則K值必現往上彎曲漲上，此為轉折指標領先止跌上漲，應買進持股。

大新解11-MACD定義與買賣模式

11-1 MACD之技術定義與使用

MACD中文名稱「平滑異同移動平均線」。

操盤指標MACD電腦設定：

DIF（EMA1）：12

MACD（EMA2）：26

DIF－MACD（D－M或EMA1－EMA2）：9

5分、15分、30分、60分、日、週、月等各週期K線圖皆同。

1. 領先指標MACD，進出買賣掌先機

MACD指標，簡稱「M指標」，定義為「操盤指標」。

「M指標」具有領先「止漲、轉跌」和「止跌、轉漲」作用，故稱為「領先指標」。

「M指標」分為「M雙線指標」和「M柱狀指標」。

「M雙線指標」是由12DIF與26MACD兩線所構成的；12DIF線週期短走勢較快，稱為「D線」或「EMA1」線；26MACD線週期長走勢較慢，稱為「M線」或「EMA2」線。故「M指標」之D和M兩線，稱為「M雙線指標」（圖11-1-11）。

「M柱狀指標」是由「M雙線指標」之D值－M值（EMA1－EMA2），在週期設定為9，故其柱狀指標差值應為9（D－M）或9（EMA1－EMA2）後，所得之差值以柱狀圖形示之，稱為「M柱狀指標差值」（圖11-1-11）。

◉ 「M柱狀指標漲跌操作法」：是指在操作上以9（D－M）之柱狀差值升降漲跌（或加減）之「↑或＋、↓或－」符號為操盤進出依據者稱之；若所得值為漲升時，柱狀指標以「負值向上縮減」或「正值向上延伸遞增」，並以「↑或＋」符號表示行情為漲升買多訊號；若所得值為跌降時，柱狀指標以「正值向下縮減」或「負值向下延伸遞增」並以「↓或－」符號表示行情為跌降賣空訊號，稱為「M柱狀指標差值漲跌操作法」（圖11-1-11）！

◉ 「M柱狀指標操盤值操作法」：是以「M柱狀指標差值－前柱狀指標差值」，所得之數值增減，稱為「操盤值」，也是操盤者的買賣進出依據，（圖11-1-21）。

「任一當盤價值（即時盤不斷變動之任一價）－前收盤價值」或「收盤價值－前收盤價值」，皆可做為「操盤值」（圖11-1-21）。

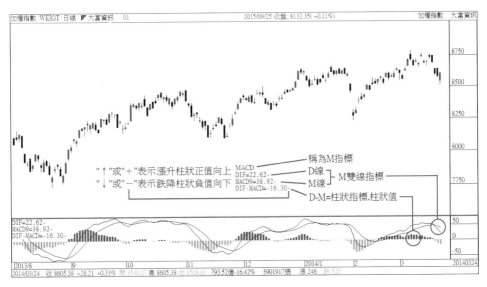

（11-1-11 加權指數日線圖）

2. 以日K線圖為主，日M指標定位為「短期日線中線指標」，M指標是RSI指標的兩倍週期長度，所以在日K線圖上將之定位為「日短期 "中線" M指標」；在週K線圖上，稱為「中期週線M指標」；在長期月K線圖上，稱為「長期月線M指標」，為操盤者重要的「買賣進出」操作依據。

當M指標「柱狀差值」出現由負值向上縮減或正值向上漲升遞增延伸時為「轉漲轉多」買進訊號。

當M指標「柱狀差值」出現由正值向下縮減或負值向下跌降遞增延伸時為「轉跌轉空」，賣出訊號（圖11-1-21）。

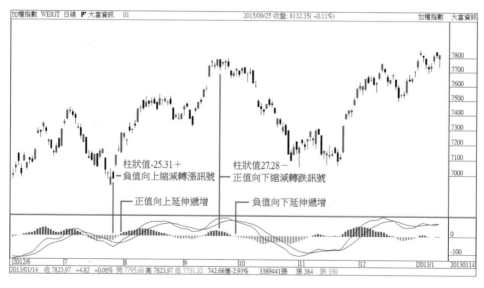

（11-1-21 加權指數日線圖）

3. 當M雙線指標之D線由下向上突破穿越M線（D值＞M值）時，M指標柱狀差值由負值轉為正值，由0軸之下轉為0軸之上，稱為「M黃金交叉」，簡稱「M金交」，是買進訊號（圖11-1-31）。

當D線由上向下跌破穿越M線（D值＜M值）時，M指標柱狀差值由正值

轉為負值,由0軸之上轉為0軸之下,稱為「M死亡交叉」,簡稱「M死交」,是賣出訊號(圖11-1-31)。

M雙線指標以0軸為多空支撐壓力線,當股價指數由高檔跌下,M雙線亦由高檔走跌滑落至「0軸多空支撐線」支撐時,稱為「M軸撐」,遇撐應注意買進(圖11-1-31)。

M雙線指標以0軸為多空支撐壓力線,當股價指數由低檔漲升,M雙線亦由低檔向上走升至「0軸多空壓力線」壓力時,稱為「M軸壓」,遇壓應注意賣出(圖11-1-31)。

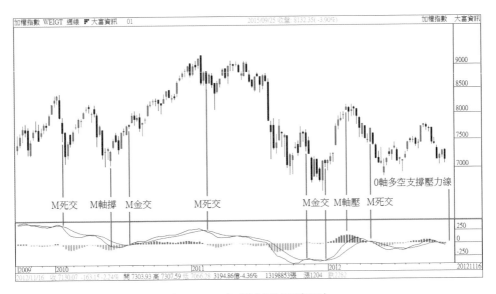

(11-1-31 加權指數日線圖)

4. M雙線指標以0軸為多空基準線,當M雙線處於0軸之上游走者,為「多頭」市場;處於0軸之下游走者,為「空頭」市場(圖11-1-41)。

M雙線指標以0軸為多空基準線,當行情呈M金交快速走揚上升,D線走揚至0軸多空線之上緣觸頂者,稱為「M天高」或「M天壓」,要注意賣出(圖11-1-41)。

當行情呈M死交快速走跌向下，D線走跌至0軸多空線之下緣觸底者，稱為「M地低」或「M地撐」，要注意買進（圖11-1-41）。

「M天壓」與「M地撐」並沒有一定數值（有可能再創另波新高或新低），只要觸及0軸之上緣時，表示此時此段股價或指數漲幅已高，將出現拉回或回跌修正，要注意賣出；觸及0軸之下緣時，表示此時股價或指數跌幅已大，將出現回彈或回升修正，要注意買進（圖11-1-41）。

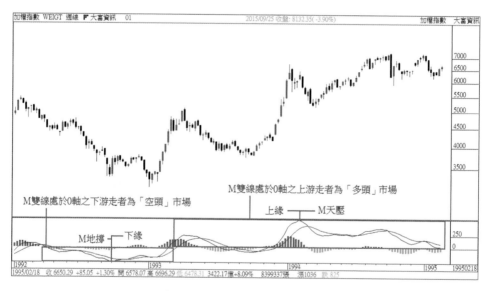

（11-1-41 加權指數週線圖）

5. M柱狀指標在技術操作上可以目視之「柱狀漲跌（符號表示 "↑" "↓" 或 "＋" "－"）」或「操盤三值」（見下節11-2），做為操盤進出依據。

由於「M柱狀指標」具有領先上漲和領先下跌之特性，故稱為「領先指標」。

以目視之「柱狀漲跌縮減遞增」為操盤進出依據，當K線出現連續上漲、漲緩、止漲或不漲時，「M柱狀指標」卻出現柱狀正值跌降向下縮

減或負值向下遞增延伸,此為價漲M柱狀指標領先下跌,稱為「M柱領跌」,為賣出訊號(圖11-1-51)。

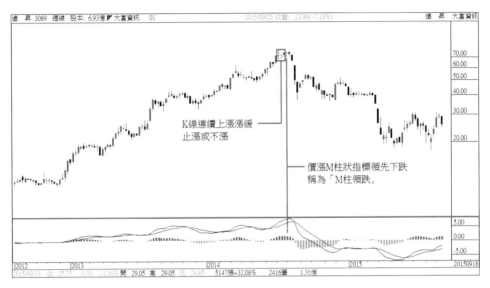

(11-1-51 遠昇週線圖)

以目視之「柱狀漲跌」為操盤進出依據,當K線出現連續下跌、跌緩、止跌或不跌時,「M柱狀指標」卻出現柱狀負值向上漲升縮減或正值向上遞增延伸,此為價跌M柱狀指標領先上漲,稱為「M柱領漲」,為買進訊號(見圖11-1-52)。

以目視之「柱狀漲跌」為操盤進出依據,當K線出現價連續上漲,「M柱狀指標」亦同步上漲,出現第一根下跌K線時,「M柱狀指標」亦同步出現正值往下縮減或負值往下遞增延伸由漲轉跌,稱為「M柱跌」(圖11-1-53);若出現第二根下跌K線時,「M柱狀指標」才出現往下縮減或往下遞增延伸由漲轉跌,稱為「M柱轉跌」,為賣出訊號(圖11-1-54)。

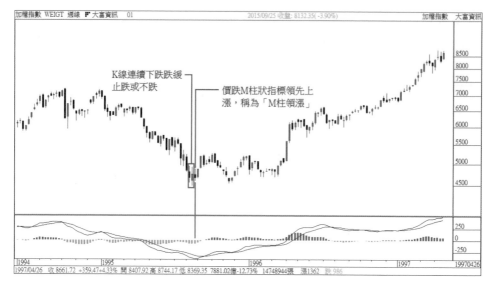

（11-1-52 加權指數週線圖）

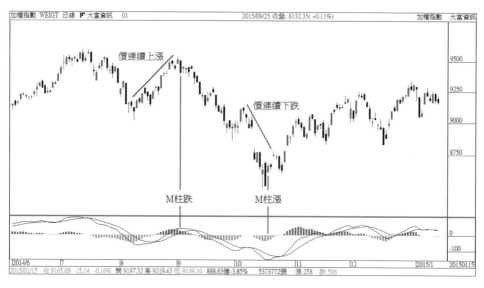

（11-1-53 加權指數日線圖）

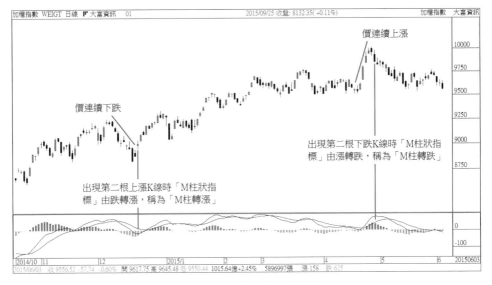

（11-1-54 加權指數日線圖）

6. 當日指數K線出現連續快速上漲噴出，「M雙線指標」呈M金交時，「M柱狀指標」正值連續快速上漲揚升，M雙線正乖離開口急遽擴大（目視）或M柱狀指標正差值≧80以上（週、月K線指數除外），稱為「M正乖大」，應注意賣出（圖11-1-61）。

當日指數K線出現連續快速下跌趨底，「M雙線指標」呈M死交時，「M柱狀指標」負值連續快速下跌走弱，M雙線負乖離開口急遽擴大或M柱狀指標負差值≧80以上，稱為「M負乖大」，應注意買進（圖11-1-62）。

7. 上升行情股價指數持續上漲後，M雙線正乖離擴大，當柱狀差值出現領先止漲或轉跌，K線呈現一紅一黑、一漲一跌來回橫向或小幅區間振盪整理時，M雙線指標自「M天壓」處逐漸向下滑落至0軸多空線支撐，此為價橫盤不跌指標跌，稱為「以盤代跌」，要注意買進（圖11-1-71）。

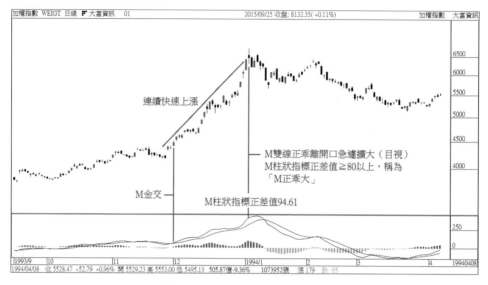

（11-1-61 加權指數日線圖）

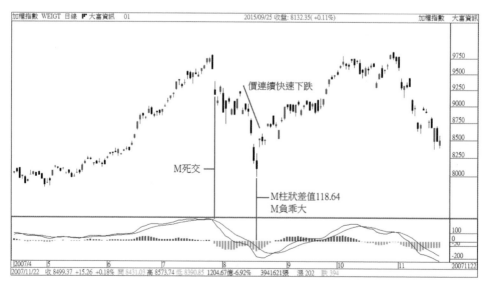

（11-1-62 加權指數日線圖）

（11-1-71 味全月線圖）

8. 下跌行情股價指數持續下跌後，K線呈現一紅一黑、一漲一跌來回橫向或小幅區間振盪整理時，M雙線負乖離擴大，當柱狀差值出現領先止跌或轉漲，M雙線指標自「M地撐」處向上縮減延伸至0軸多空壓力線，此為價橫盤不漲指標漲，稱為「以盤代漲」，要注意賣出（圖11-1-81）。

9. 當行情K線呈現一紅一黑、一漲一跌來回橫向或小幅區間振盪整理或以任何型式整理型態整理時，M雙線處於0軸處貼伏平行前進，柱狀指標數值幾乎呈現不漲不跌扭結糾纏，此為多空不明「以盤待變」訊號，應注意變盤方向（圖11-1-91）。

10. 當K線出現連續上漲，M雙線指標或M柱狀指標亦同步上漲，此為價與M雙線指標或M柱狀指標「漲升同步」；反之，當K線出現連續下跌，M雙線指標或M柱狀指標亦同步下跌，此為價與M雙線或M柱狀指標「跌降同步」（圖11-1-101）。

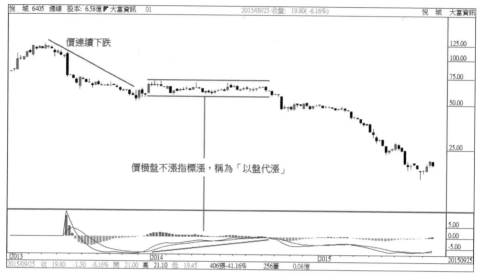

（11-1-81 悅城週線圖）

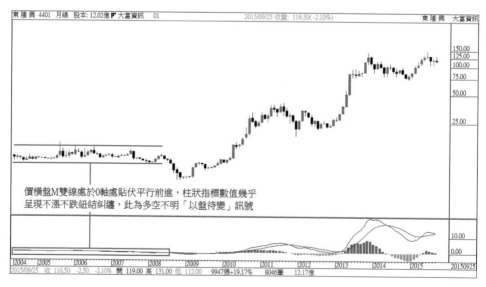

（11-1-91 東隆興月線圖）

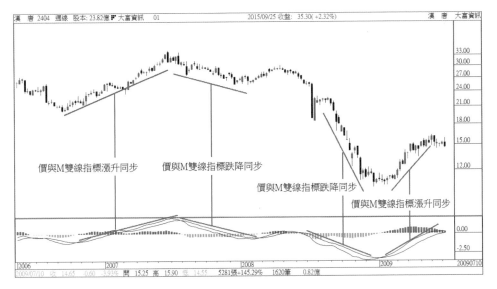

（11-1-101 漢唐週線圖）

11. M雙線指標與M柱狀指標在操作上，應注意「做頭」、「築底」和「背離」。

當M雙線指標或M柱狀指標在0軸處或之上，形成型態完整者，為「作頭」現象，應注意賣出（圖11-1-111）。

當M雙線指標或M柱狀指標在0軸處或之下，形成型態完整者，為「築底」現象，應注意買進（圖11-1-111）。

當股價指數處於持續價漲創新高時，M雙線指標或M柱狀指標呈現「價漲M指標不漲或領先下跌」，此為M指標「高檔背離」現象，應注意賣出（圖11-1-111）。

當股價指數處於持續價跌創新低時，M雙線指標或M柱狀指標呈現「價跌M指標不跌或領先上漲」，此為M指標「低檔背離」現象，應注意買進（圖11-1-111）。

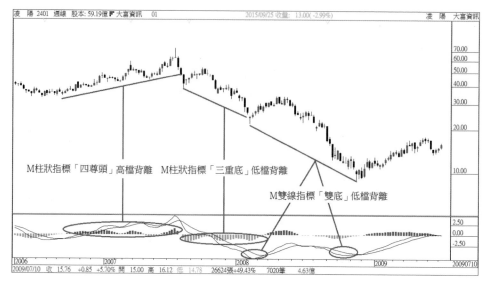

（11-1-111 凌陽週線圖）

12. 當行情出現漲升走勢，股價指數出現漲、跌、振幅小，看回不回，M雙
線指標游走於0軸之上振盪（圖11-1-121）或雙線糾結交纏乖離小貼伏
前進（圖11-1-122），股價指數盤漲趨堅緩步向上，M雙線與柱狀指標
呈現不漲不跌狀態，此為價緩漲指標不漲漲期長的「盤漲盤堅」行情；
若為下跌波段，股價指數出現漲、跌、振幅小，應彈不彈，M雙線指
標游走於0軸之下振盪（圖11-1-123）或雙線糾結交纏乖離小貼伏前進
（圖11-1-124），股價指數盤跌趨軟緩步向下，M雙線與柱狀指標呈現
不漲不跌狀態，此為價緩跌指標不跌跌期長的「盤軟盤跌」行情。

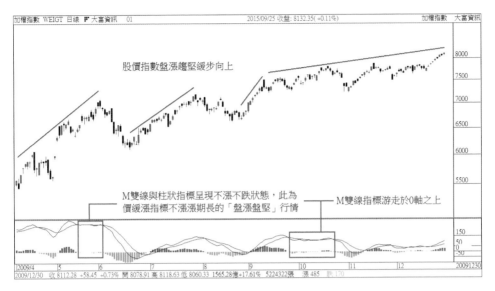

（11-1-121 大盤指數日線圖）

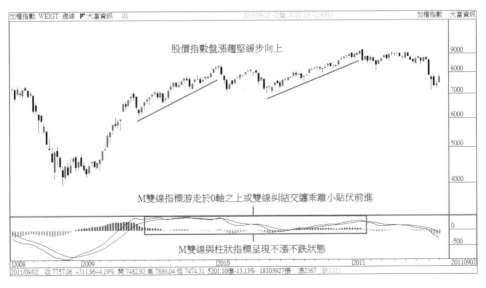

（11-1-122 大盤指數週線圖）

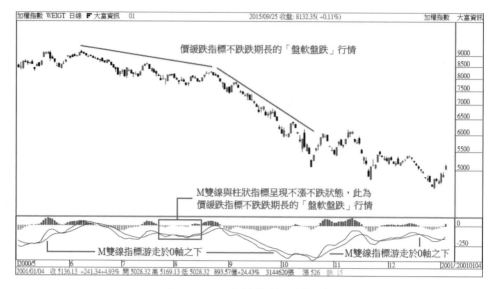

（11-1-123 大盤指數日線圖）

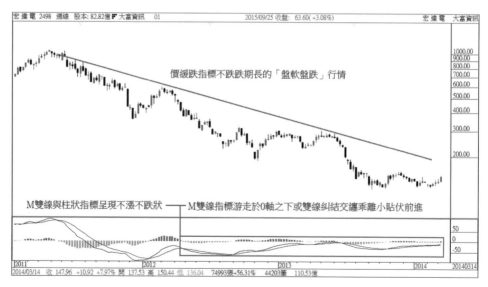

（11-1-124 宏達電週線圖）

11-2 大盤加權指數之「操盤值三值」的技術定義與使用

所謂「操盤三值」，係指「安全值」、「警戒值」與「關鍵值」。

以「操盤值」，做為操作大盤指數和期貨指數的根據！

「操盤值」以整點整數計算，可不計入小數點。

個股因股價高低差異，每檔次之漲跌點數不一，且其柱狀差值之漲跌點數大都以「小數點」為計算，使用者可依目視之「柱狀漲跌（〝＋〞〝－〞）縮減遞增」操作！

操盤值定義：

以收盤價「M柱狀差值」之數值，稱為「收盤值」。

「操盤值」＝收盤值（或當盤值A）－前K線收盤值所得之值（B），稱為「操盤值」。

∴「操盤值」＝A－B（圖11-2-1）。

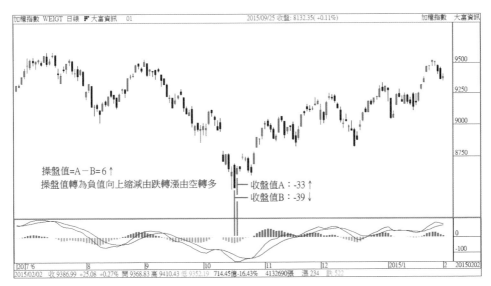

（11-2-1 大盤指數日線圖）

安全值：

當操盤值（收盤值－前收盤值，下同）之正（負）差值＞5以上時，為操作安全，表示「漲升」或「跌降」趨勢不變，可繼續安全持有，稱為〈安全值〉（圖11-2-2）。

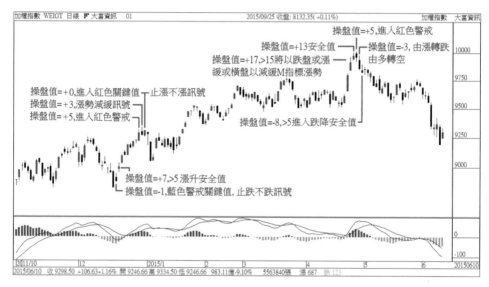

（11-2-2 大盤指數日線圖）

警戒值：

當操盤值之正(負)差值≦5以下時，表示行情已進入漲升減緩或跌降減緩的操作警戒狀態，故此值稱〈警戒值〉；若為漲升趨勢進入〈警戒值〉時，稱為〈漲升紅色警戒值〉，簡稱〈紅色警戒〉；若為跌降趨勢，則稱為〈跌降藍色警戒值〉，簡稱〈藍色警戒〉（圖11-2-2）。

關鍵值：

當操盤值為〈紅色警戒〉之正差值出現≧1時，稱為「止漲」；＝0時，稱為「不漲」；≦1時，稱為「轉跌」；。

當操盤值為〈藍色警戒〉之負差值出現≦1時，稱為「止跌」；＝0時，稱為「不跌」；≧1時，稱為「轉漲」。

以上之值正是行情轉向的關鍵點值，故此值稱為〈關鍵值〉（圖11-2-2）。

◉ 以操盤值為準，當《操盤值》出現〈警戒值〉時，表示行情已進入準備階段的關鍵時刻，此時操盤者宜保持戒心，隨時作好「進出場」或「反向操作」準備。

◉ 以操盤值為準，當行情進入準備階段的〈紅色警戒〉時，則行情只許續漲或漲幅擴大，以拉大指標漲點脫離警戒，如此多單可留持觀察；反之，若為〈藍色警戒〉，則只許續跌或跌幅擴大，以拉大指標跌點脫離警戒，如此空單可續抱觀望。

◉ 本操盤值以日指數為計算基礎，其日漲跌點數在正負15點以內為標準；若該日漲升點數大於15以上，則次K線指數將以「跌盤」居多；若其漲勢漲幅加大加快，指數將以跌幅加大或橫盤因應，以減緩M指標漲勢；若出現漲勢加快漲幅加大不回，則行情即將噴出漲盡竭盡抵頂訊號，應注意賣出。

　　若該日跌降點數大於15以上，則次日K線指數將以「漲盤」居多，若其跌勢跌幅加快加大，股價將以漲幅加大或橫盤因應，以減緩M指標跌勢；若出現跌勢加快跌幅加大不彈，則行情即將跌盡竭盡趕底觸底訊號，應注意買進。

◉ 以操盤值為準，當《操盤值》之柱狀正（負）差值＞5以上時，此為「漲」「續漲」或「跌」「續跌」訊號。

◉ 以操盤值為準，當《操盤值》之柱狀正（負）差值＞5以上時，若為上升行情，收盤價為「跌」，此為漲升「拉回」訊號；若為下跌行情，收盤價為「漲」，則為跌降「回彈」訊號。

◉ 以操盤值為準，《操盤值》之柱狀正（負）差值出現≦5≧2以上時，表示行情已出現「漲勢減緩」或「跌勢減緩」訊號。

◉ 以操盤值為準，《操盤值》之柱狀正（負）差值≧1時，表示行情已出現「止漲」或「止跌」訊號。

◉ 以操盤值為準，《操盤值》之柱狀正（負）差值＝0時，表示行情已出現「不漲」或「不跌」訊號。

◉ 以操盤值為準，當柱狀差值指標符號為↑上漲時，收盤價「收漲」，「操盤值」之柱狀差值呈漲勢↑＝0時，此是「價漲指標不漲」，表示行情已領先出現「不漲」，應注意賣出。

◉ 以操盤值為準，當柱狀差值指標符號為↓下降時，收盤價「收跌」，「操盤值」之柱狀差值呈跌勢↓＝0時，此是「價跌指標不跌」，表示行情已領先出現「不跌」，應注意買進。

◉ 以操盤值為準，當指標符號為↓下降跌勢時，收盤價「收跌」，「操盤值」之柱狀差值出現負值向上縮減或正值向上遞增之由下轉上、由跌轉漲、指標由黑翻紅，柱狀差值呈現≧1以上時，此為指標領先上漲的「領漲」買進訊號（出現領漲訊號時，盤面走勢通常會先下後上、先跌後漲）。

◉ 以操盤值為準，當指標符號為↑上升漲勢時，收盤價「收漲」，「操盤值」之柱狀差值出現正值向下縮減或負值向下遞增之由上轉下、由漲轉跌、指標由紅翻黑，柱狀差值呈現≦1以下時，此為指標領先下跌的「領跌」賣出訊號（出現領跌訊號時，盤面走勢通常會先上後下、先漲後跌）。

◉ 以操盤值為準，當指標符號為↓下降跌勢時，出現≧1以上的《領漲》訊號時，該日行情果真如期上漲，此K線稱為「起漲」，為起漲訊號。

◉ 以操盤值為準，當指標符號為↑上升漲勢時，出現≦1以下的《領跌》訊號時，該日行情果真如期下跌，此K線稱為「起跌」，為起跌訊號。

◉ 以操盤值為準，當「操盤值」進入準備階段的《紅色警戒》時，收盤價「收跌」或「大幅收跌」，但當日「收盤值」卻由《紅色警戒值》直接由紅翻黑，由漲轉為下跌，則此K線稱之為「轉跌」，為賣出訊號。

◉ 以操盤值為準，當「操盤值」進入準備階段的《藍色警戒》時，收盤價

「收漲」或「大幅收漲」，但當日「收盤值」卻由《藍色警戒值》直接由黑翻紅，由跌轉為上漲，則此K線稱之為「轉漲」，為買進訊號。

◉ 以操盤值為準，當行情進入準備階段的《紅色警戒》時，若為上升漲勢，股價指數仍續緩步盤堅向上，「操盤值」持續停留於《警戒值》之內，投資者應持續持多觀望至行情出現「急漲漲幅擴大」或「大漲噴出」，至「操盤值」出現「止漲、不漲或領跌」時，再進行退場及反向操作(此通常為上升末段投機行情)。

◉ 以操盤值為準，當行情進入準備階段的《藍色警戒》時，股價指數仍續緩步向下盤跌，「操盤值」持續停留於的《警戒值》之內，投資者應持續持空觀望至行情出現「急跌跌幅擴大」或「大跌趕底」，至「操盤值」出現「止跌、不跌或領漲」時，再進行進場及反向操作（此通常為下降末段趕底行情）。

◉ 以操盤值為準，當行情進入準備階段的《關鍵值》時，表示行情已進入多空反轉反向的關鍵時刻，多空雙方必需準備進行反向操作。

◉ 以「操盤值」為準，當「操盤值」出現「領漲」時，該日行情果真如期上漲，此為「起漲」訊號，是多頭最佳進場時機。

◉ 以操盤值為準，當「操盤值」出現「領跌」時，該日行情果真如期下跌，此為「起跌」訊號，是空頭最佳進場時機。

◉ 以操盤值為準，當「操盤值」轉為「轉漲、領漲」或「轉跌、領跌」時，出現「該漲不漲、該跌又不跌」時，此為行情出現多空不明現象，應暫時退場觀望。

◉ 以盤待變：K線呈現一紅一黑，一漲一跌，橫向整理，操盤指標數值持續處於「警戒值」不上不下，稱之為〈以盤待變〉又稱〈警戒待變〉，應注意變盤方向。

大新解 *12*- 籌碼定義與買賣模式

12-1 籌碼定義與使用

1. 大盤成交量以成交「金額」為計算單位；個股以成交「張數」為計算單位；期貨以「口數」為計算單位。

2. 外資、投信、自營商合稱為「三大法人」；三大法人是股市中的大戶，對股市行情深具有影響力，尤其以「外資」為甚，但不能改變趨勢。

3. 以大盤論，凡任一投資者（群）、單位、法人或法人加總…，其買賣超金額大盤比＞5%以上，稱為「暴買或暴賣」。

   圖中外資暴賣就止跌回漲；暴買就止漲拉回或回跌，顯見外資大動作買賣超並不能改變趨勢（圖12-1）。

4. 融資信用戶，是散戶的代名詞。

5. 融資斷頭日，多頭買進時。

6. 「暴買」視同暴量，不是漲幅不大，就是漲期不長；「暴賣」視同暴量，不是跌幅不大，就是跌期不長。

7. 「暴買」應注意賣出；「暴賣」應注意買進。

8. 「暴買」幅度愈大，離高檔就愈近；「暴賣」幅度愈大，距低檔就不遠。

9. 連續「暴買」，準備賣出；連續「暴賣」，準備進場。

10. 「法人買賣超」與「資券增減」，是市場常態，但需持續密切觀察。

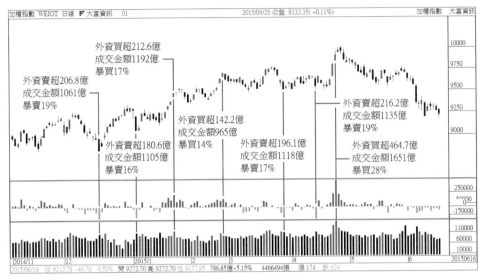

（12-1 大盤日線圖）

11. 外資買賣超金額佔大盤成交金額比率，稱為「外資額比」；佔該股成交量比率，稱為「外資量比」；「外資買超額比」或「外資買超量比」異常竄高，漲高高度（價）就愈小；反之，跌低低價就愈有限。

12. 三大法人合計買賣超金額佔大盤成交金額比率，稱為「法人買賣超額比」；佔該股成交量比率，稱為「法人買賣超量比」；「法人買賣超額比」或「法人買賣超量比」越高，上漲或下跌機率就愈小。

13. 融資買賣超金額佔大盤成交金額比率，稱為「資額比」；佔該股成交量比率，稱為「資量比」；「資買賣額比」與「資買賣量比」越高，上漲或下跌機率就愈小。

14. 融券張數佔融資張數比率，稱為「券資比」；「券資比」愈高，軋空機率就高，上漲機率也就大。

15. 當日沖銷與成交張數之比率，稱為「當沖比」，「當沖比」愈高，表示該股行情交投愈熱；「當沖比」愈低，表示該股行情交投低迷。

16. 當日外資或三大法人合計買賣超金額佔大盤成交金額達5%以上者，稱

為「外資暴買、暴賣」或「法人暴買、暴賣」；未達5%者，稱為「外資買超、賣超」或「法人買超、賣超」。

17. 三大法人持續買超或暴買，股價不漲，主力默默供給籌碼，此為高價無多，應注意賣出。

18. 三大法人出現暴買，股價不漲反跌，主力有壓低出貨現象。

19. 三大法人持續賣超，股價不跌，主力逢低吸收籌碼，此為低價不遠，應注意買進。

20. 三大法人出現暴賣，股價不跌反漲，主力強力拉抬，有往上吃貨現象，應注意買進。

21. 三大法人持續買超，股價續漲，持股續抱；三大法人持續賣超，股價續跌，持空觀望。

22. 三大法人出現連續「暴買」，行情將盡，應注意逢高賣出；三大法人出現連續「暴賣」，底部將近，應注意逢低買進。

23. 三大法人與融資增幅出現「暴買」，應注意或考慮賣出；三大法人與融資減幅出現「暴賣」，應注意或考慮買進。

24. 小型投機股，基本面差、缺乏業績題材，投資人不願持有，易為主力吸納借機炒作。

25. 小型股，籌碼集中，業績良好，易成為炒作對象。

26. 大型股，權值大，籌碼就分散，業績穩定，易成為控盤工具，股價表現平平，飆漲不易。

27. 基本面差的股票，投機無妨，淺嚐即可，不可長抱。

28. 小型績優股，經利空洗禮，暴跌之後必暴漲。

29. 小型投機股，經人為炒作，暴漲之後必暴跌。

12-2 籌碼分佈

1. 市場籌碼，分為「隱性籌碼」與「顯性籌碼」，分別代表「隱性投資人」與「顯性投資人」。

2. 「隱性籌碼」－－指以現股買進持有之投資人，稱為「隱性投資人」，其買賣盤，稱為「隱盤」；如隱盤買進／隱盤賣出。主力、公司派、市場派或以現股買進持有之散戶投資人皆屬之。

3. 「顯性籌碼」－－是指其進出買賣資訊公開，可隨時被取得者，稱為「顯性投資人」；其買賣盤，稱為「顯盤」；如顯盤買進／顯盤賣出。外資法人、投信、自營商之買賣超及個股買賣明細、融資戶之融資、融券餘額增減及進出明細等須每日公告周知者皆屬之。

4. 顯盤買進特色是短期持有、短線進出，籌碼安定性差；隱盤買進的投資人則多為波段操作甚至長期持有，籌碼有鎖定效果，安定性強。

5. 市場籌碼祇在你我他之間流動，當流向「隱性」投資人，則籌碼穩定，行情易漲難跌；當流向「顯性」投資人，則籌碼凌亂穩定性差，行情易跌難漲。

6. 籌碼分佈－－應以「隱性籌碼」與「顯性籌碼」流動計算孰消孰長，用以判斷行情。

   ◉ 若行情為漲升初期，「顯性籌碼」逐漸增加，表示三大法人和散戶持續看好，高點可期。

   ◉ 若行情持續上漲，「顯性籌碼」出現暴增，則高點不遠，「隱性籌碼」逢高大幅調節，應注意賣出時機。

   ◉ 若行情為跌下初期，「顯性籌碼」逐漸減少，表示三大法人和散戶持續看壞後市，還有低點。

   ◉ 若行情持續下跌，「顯性籌碼」出現暴減，則低點不遠，「隱性籌碼」逢低大量承接，應注意買進時機。

7. 當「顯性投資人」皆看壞市場，「顯性籌碼」大量釋出；釋出之籌碼盡被有心人收納、集中，此表示有大戶介入，大行情可期；若籌碼分散，行情不可寄望。

8. 籌碼集中價不漲，可能大戶已滿手股票，無力炒作，甚防崩跌。

9. 法人大買的標的，未必大漲，主力默默供貨，不可不慎。

10. 您賺到了嗎？股票賣一張買兩張！買一百賣兩百！

12-3 籌碼流動循環

市場籌碼流動循環依序：

◉ 主力買進→法人買進→散戶買進→法人與散戶同步大量買進→則主力大量供給→高價無多，應注意賣出！

◉ 主力賣出→法人賣出→散戶賣出→法人與散戶大量賣出→主力逢低大量承接→低價不遠，應注意買進！

大新解*13*-時間波定義與買賣模式

13-1 時間波轉折定義

1. 時間波轉折是指，凡股市休市、連續休市或因調假補上班日（通常在星期六，某些幾構、公司、行號、個人因屬休假日而未參予交易），將影響該日、週、月成交量額，致產生價、量、時，三者互動關係，此之所以「要有大行情，價、量、時，缺一不可」，其理在此。

2. 時間波轉折是「選股買進時機」也是「賣股時機」！

3. 時間波循環接續：依序為元旦封關日、元旦紅盤日、春節封關日、春節紅盤日、元宵節（按習俗，到此，春節歡樂假期才算結束）、清明節、端午節、中秋節、雙十節（國家重大慶典或足以激勵人心者）、選舉…等。

4. 時間波轉折K線須帶轉折線或轉機線，在技術上較為可靠有效。

5. 時間波轉折，因屬固定週期循環，故稱為「時間波轉折」。

6. 時間波轉折日（見下圖）：

   a 當週第一個交易日或最後交易日。

   b 當月第一個交易日和最後交易日。

   c 休市－－節前交易日或節後第一個交易日、當週節前或節後（節前、節後效應，會有幾天時間差）。

   d 選舉－－總統、立法委員、縣市長選舉後第一個交易日。

   e 總統就職日－－市場期待慶祝行情。

    f 政府重大政策－－如政治、經濟、社會…（1988/09/24財政部宣佈欲課徵證券交易所得稅）。

    g 國內外重大事件－－如戰爭、能源危機、金融風暴或國家面臨緊急重大危難時所造成之任何情況或休市（如911大地震、颱風、中共對台文攻武嚇或其它因素…）。

    h 天災－－水災、地震…。

7. 該週適逢國定假日休市，交易日少，影響該週成交量大小，「轉折」機會大；該月交易日愈少，則形成變盤月機會大。

8. 若遇長假，則有長假效應，可能行情快速上漲，成交量暴增，形成暴量變盤；也可能行情低迷，成交量銳減，形成低量變盤。

9. 時間波轉折之「轉折日」，其前後日均屬之！在週為前後週，在月為前後月；其他因素，如颱風…或其它天災為不特定因素－－除外。

10. 股票交易市場，如遇上述因素，為行情「變盤日」、「變盤週」或「變盤月」。

11. 同時出現兩個時間波轉折，例如「中秋節」時間波轉折，又逢「星期一」該週第一個轉折日，稱為「時間時波雙轉折」；同時出現三個以上時間波轉折，稱為時間波大轉折，例如：「元月」為開年第一個轉折月，「元旦」為該月第一個轉折日，又逢「星期一」該週第一個轉折日，則「時間時波轉折機率大增」。

13-2 時間波轉折實例

1. 時間波轉折圖例（圖13-2-1）

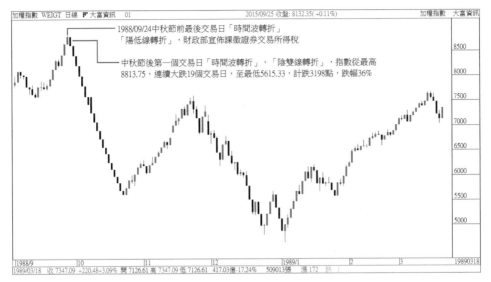

（13-2-1 大盤日線圖）

2. 時間波轉折圖例（13-2-2）

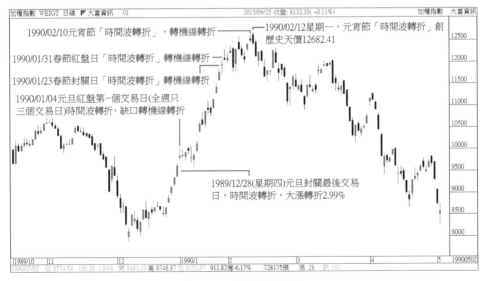

（13-2-2 大盤日線圖）

3. 時間波轉折圖例（13-2-3）

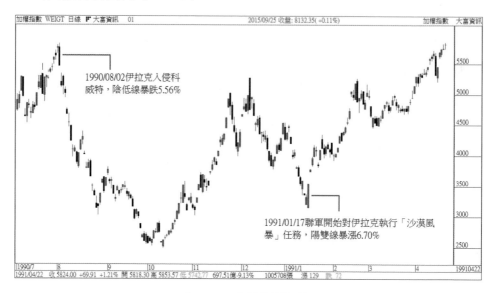

（13-2-3 大盤日線圖）

4. 時間波轉折圖例（13-2-4）

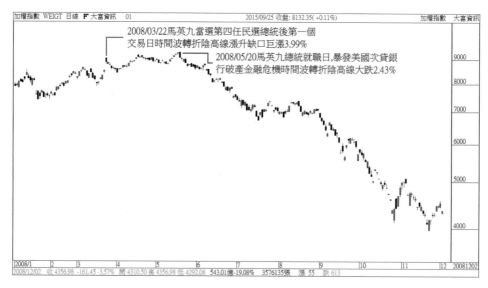

（13-2-4 大盤日線圖）

5. 時間波轉折圖例（13-2-5）

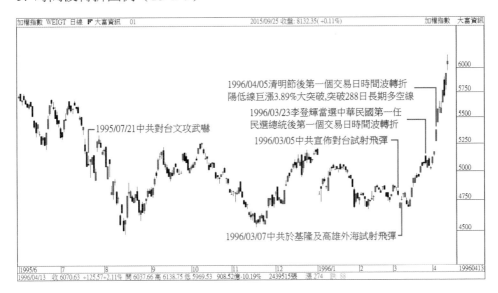

（13-2-5 大盤日線圖）

6. 時間波轉折圖例（13-2-6）

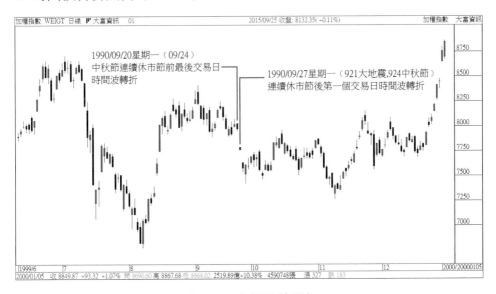

（13-2-6 大盤日線圖）

7. 時間波轉折圖例（13-2-7）

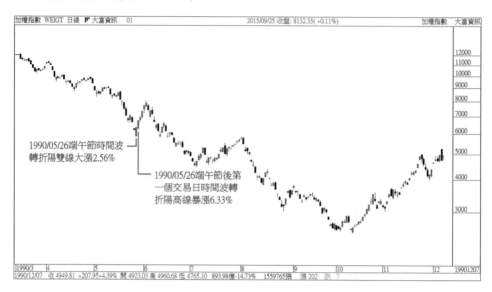

（13-2-7 大盤日線圖）

8. 時間波轉折圖例（13-2-8）

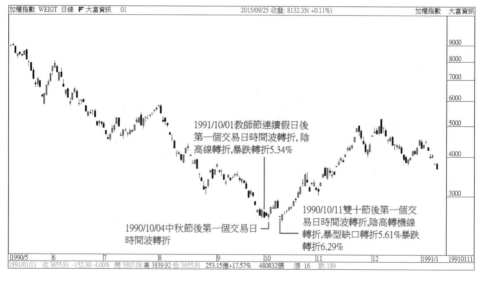

（13-2-8 大盤日線圖）

9. 時間波轉折圖例（13-2-9）

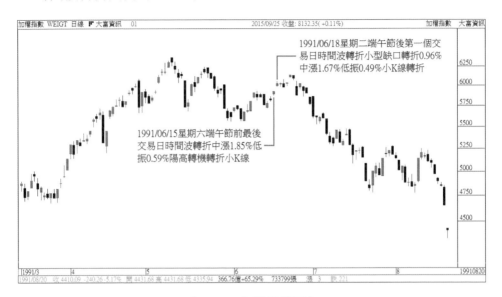

（13-2-9 大盤日線圖）

10. 時間波轉折圖例（13-2-10）

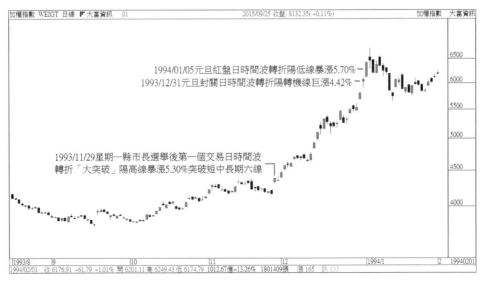

（13-2-10 大盤日線圖）

11. 時間波轉折圖例（13-2-11）

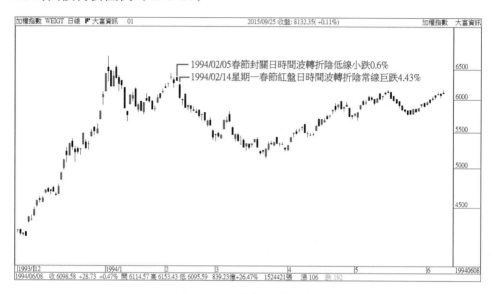

（13-2-11 大盤日線圖）

12. 時間波轉折圖例（13-2-12）

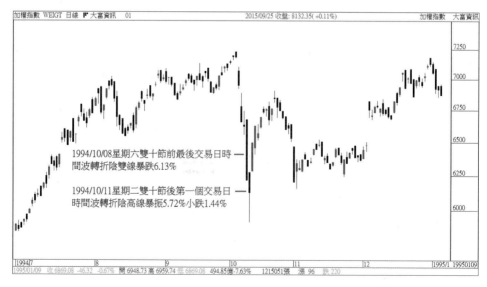

（13-2-12 大盤日線圖）

13. 時間波轉折圖例（13-2-13）

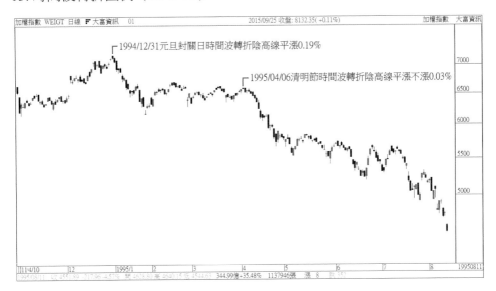

（13-2-13 大盤日線圖）

14. 時間波轉折圖例（13-2-14）

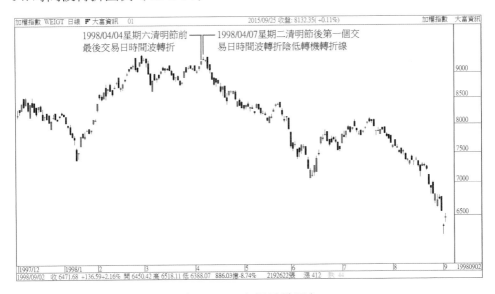

（13-2-14 大盤日線圖）

15. 時間波轉折圖例（13-2-15）

（13-2-15 大盤週線圖）

　　由於例子不勝枚舉，當股價遇時間波轉折時，同時也是「量價轉折」時，投資人應密切注意其轉折走向。

大新解*14*-股價走勢循環定義

14-1 股價走勢多空循環圖

定義：股價走勢趨勢循環是技術「型態」的雛形基礎。

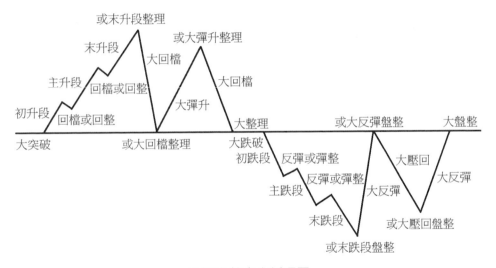

股價走勢多空循環圖

14-2 股價循環定義

1. 股價指數波段走勢循環，稱為「趨勢循環」。

2. 股價指數波段循環，以288日長期多空線為軸線者，稱為「大循環」；以30日中期多空線為軸線者，稱為「中循環」；以10日短期多空線為軸線者，稱為「小循環」；以10年大長期多空基準線為軸線者，稱為「大長期大循環」或「大長期循環」。

3. 熟悉股價指數波段循環，多空操作一目了然。

4. 股票市場漲漲跌跌，猶如春、夏、秋、冬四時運轉、月之盈虧、晝夜循環，週而復始，恆諸不變；又如海裡浪濤，起起落落，一波三折，波波相連，時兒浪高，時兒潮低。

5. 投資股票順應大勢，按部就班順著股價循環走勢，順勢趨勢操作。

6. 多空操作需以「大循環」為基礎，作大波段「趨勢」性操作；進出需以「短期10日多空線」與「中期30日多空線」為買賣操作依據。

7. 大循環包括：一個「大多頭」和一個「大空頭」。

8. 股價指數走勢方向，不外乎「漲」、「跌」與「整理」。

9. 以288日長期均線為大循環長期多空基準線為軸線，股價處於上者，稱為「長期多頭市場」或「大多頭市場」，簡稱「大多頭」；處於下者，稱為「長期空頭市場」或「大空頭市場」，簡稱「大空頭」。以30日中期多空線為軸線者，股價處於上者，稱為「中期多頭市場」或「中多市場」，簡稱「中多」；處於下者，稱為「中期空頭市場」或「中空市場」，簡稱「中空」。以10日短期多空線為軸線者，股價處於上者，稱為「短期多頭市場」或「短多市場」，簡稱「短多」；處於下者，稱為「短期空頭市場」或「短空市場」，簡稱「短空」。

10. 10年大長期均線為大長期循環多空基準線；股價處於上者，稱為「大長期多頭市場」或「大長期大多頭市場」，簡稱「大長多」；處於下者，稱為「大長期空頭市場」或「大長期大空頭市場」，簡稱「大長空」。

11. 大多頭市場大回升波之「初升段」、「主升段」、「末升段」，稱為「回升波」、「上升波」或「漲升波」；回升三波合稱為「大回升波」。

12. 大空頭市場大回跌波之「初跌段」、「主跌段」、「末跌段」，稱為「回跌波」、「跌降波」或「下跌波」；回跌三波合稱為「大回跌波」。

13. 大多頭市之「回升波」、「彈升波」或大空頭市場之「大反彈波」，皆為「上升波段」。

14. 大空頭市之「回跌波」、「大壓回波」或大多頭市場之「大回檔波」，皆為「下跌波段」。

15. 上升波段稱為「多頭」或「多頭市場」；下跌波段稱為「空頭」或「空頭市場」。

以上所闡述之大循環，是學理與技術上的波段行進基本循環模式。但主力在實際操盤運作上，並非一成不變而是多變的！如盤堅一波到底型、兩段三波型、三段五波型、四段型、五段型或多波段型…等。所以當我們在進行實務操作時，務必密切注意其波動行進是必要的。

14-3 波段大多頭大循環接續名稱定義（圖14-3-11）

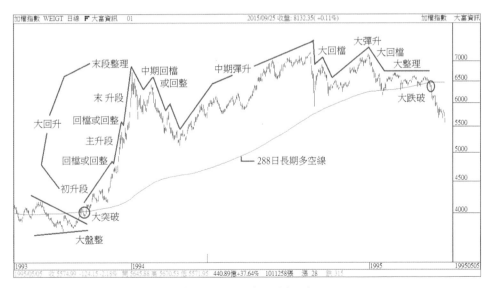

（14-3-11 大盤日線圖）

依據：以288日年均線為長期多空基準線，股價指數處於上者為大循環大多頭市場。

1. **大突破**：股價指數歷經大空頭大彈升盤整整理或大盤整波盤整後，突破288日長期多空線，稱為「大突破」，為大多頭市場大買進大起漲訊號。

2. **大回升**：大循環大多頭之初升段、主升段、末升段，稱為「大回升」；為「大回升行情」。

3. **初升段**：大循環大多頭大突破後之第一段上升行情至回檔或回檔整理波之前，稱為「初升段」，為大多頭大回升行情「上升第一段」。

4. **整理波$_1$**：大多頭市場之回檔或回檔整理，其整理波稱為「整理」；初升段後，因短期漲幅已大，股價回檔至中期30日多空線支撐，進行回檔或回檔整理修正，稱為「初升段整理」或「漲升整理」。

5. **主升段**：為大多頭大回升行情「第二段上升波」。

6. **整理波$_2$**：中期回檔或中期回整為大回升行情主升段後之整理波，稱為「主升段整理」或「漲升整理」。

7. **末升段**：為大多頭大回升行情之「上升第三段」，其整理波稱為「末升段整理」或「漲升整理」。

8. **大回檔$_1$**：末升段後，股價指數大幅拉回至288日長期多空大支撐線，稱為「大回檔」，其整理，稱為「大回檔整理」。

9. **大彈升**：又稱大逃命波，為上升大修正波；大回檔後指數觸及288日長期大支撐線，此時由於短、中期各均線均橫互在上，呈現層層壓力，但股價指數又位處大支撐線上，遇大支撐則產生大反彈的彈升行情，稱為「大彈升波」，其整理波稱為「大彈升整理」；又本波屬大多頭市場最後一波彈升上升波，為套牢者最後解套逃命機會，故稱「大逃命波」。

10. **大回檔$_2$**：屬下跌大修正波，此波需視288日長期多空線之位置而定，未必出現；如指數與288日均線乖離大，則以大回檔波下跌；如指數與288日均線乖離小，則以「大整理」方式，直接以大跌破結束大多頭市場。

11. **大整理（屬整理波）**：大整理波為大多頭市場結束波，當大彈升整理

或大回檔整理波遇288日均長期多空大支撐線後，進行橫向狹幅區間振盪整理，稱為「大整理」。大整理必於288日長期多空線之上整理，大整理完後，行情將以「大跌破」，跌破288日長期多空線轉入大空頭市場。

14-4 波段大空頭大循環名稱定義（圖14-4-11）

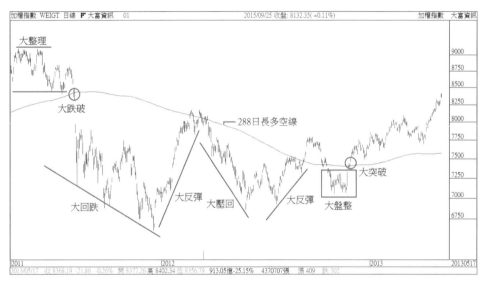

（14-4-11 大盤日線圖）

依據：以288日年均線為長期多空基準線，指數處於下者為大循環之大空頭市場。

1. **大跌破**：股價指數經大多頭大回檔或大回檔整理大循環結束後，跌破288日長期多空線，稱為「大跌破」，為大空頭市場大賣出大起跌起始訊號。

2. **大回跌**：大跌破後，包括初跌段、主跌段、末跌段，稱為「大回跌」；又稱「大回跌行情」。

3. **初跌段**：大跌破後的下跌行情至回彈或回彈盤整波之前，稱為「初跌段」，為大空頭大回跌行情「下跌第一段」，其盤整整理稱為「初跌段盤整整理」或「跌降盤整」。

4. **盤整波₁**：大空頭市場之回彈或回彈整理，其整理波稱為「盤整或盤整整理」；盤整波屬修正波，初跌段後，因短期跌幅已大，反彈至30日均線壓力，進行整理修正，稱為「回彈盤整整理」。

5. **主跌段**：屬下跌波，為大空頭大回跌行情「下跌第二段」，其盤整整理稱為「主跌段盤整整理」或「跌降盤整」。

6. **盤整波₂**：中期彈整，屬修正整理波，反彈至72、144日均線壓力，謂之「中期反彈盤整整理」。

7. **末跌段**：屬下跌波，為大空頭大回跌行情「下跌第三段」，其盤整整理稱為「末跌段盤整整理」或「跌降盤整」。

8. **大反彈**：又稱「大解套波」，屬上升修正波，末跌段後，因長期跌幅已大，出現反彈至288日長期大壓力線或突破288日長期大壓力線（屬超漲假突破），謂之「大反彈」，其盤整整理稱為「大反彈盤整整理」；又本波屬大空頭市場最後一波上升波，為多頭套牢者最後解套機會，故又稱「大解套波」。

9. **大壓回**：屬下跌修正波，大反彈後，指數價位觸及288日長期大壓力線或突破站上288日長期大壓力線，此時短、中期各均線均呈多頭排列橫亙在下形成支撐，但指數價位又處288日長期大壓力線的遇壓壓回行情，故稱為「大壓回」，其盤整整理稱為「大壓回盤整整理」。

10. **大反彈、大壓回**：此兩波，稱為大空頭市場「大修正波」。

11. **大盤整**：（屬盤整波）：「大盤整波」，為大空頭市場結束波。當大壓回波跌破288日長期多空線後，進入低量狹幅區間振盪盤整，謂之「大盤整」。大盤整必於288日長期多空線之下整理，大盤整整理後，行情便以「大突破」突破288日長期多空線，轉入大多頭市場。

14-5 波段長期大循環接續名稱定（圖14-5-11）

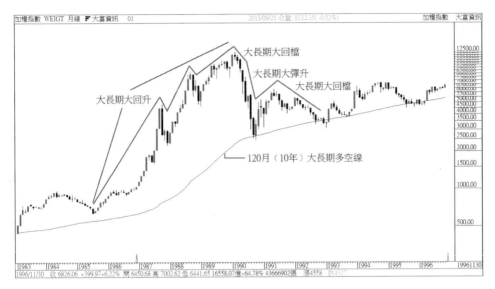

（14-5-11 大盤月線圖）

1. 大循環在長期月K線稱為「大長期大循環」或「大長期循環」；其循環順序與大循環同。

2. 大長期線以10年均線為多空基準線；10年均線稱為「大長期多空線」。

3. 10年均線為長期大循環多空基準線；股價處於10年均線之上者，稱為「大長期大多頭市場」或「大長多市場」；處於10年均線之下者，稱為「大長期大空頭市場」或「大長空市場」。

4. 10年均線為「大長期多空支撐壓力線」。

5. 以大長期多空線為基礎，大回升波稱為「大長期大回升」。

6. 以大長期多空線為基礎，大回檔波稱為「大長期大回檔」。

7. 以大長期多空線為基礎，大彈升波稱為「大長期大彈升」。

8. 以大長期多空線為基礎，大長期大回檔、大長期大彈升，稱為「大長期大修正波」。

9. 以大長期多空線為基礎，大整理波稱為「大長期大整理」。

大新解 *15*-波段走勢定義

1. 波段操作為基礎，漲三跌二要記住。

2. 漲升或跌降之走勢幅大者，稱為「段」，如上升段、下跌段；漲升段中的回檔或跌降段中的反彈或盤整或整理走勢幅小者，稱為「波」，如回檔波、反彈波、整理波、盤整波；但基於口語方便，順口就好。

3. 不論走勢如何循環，在市場，技術走勢要以何種型態出現，取決於操盤者心態，波段以漲、跌趨勢，多空交互操作為原則。

4. 波段操作是股票投資獲取利潤的最佳投資方式。

5. 股票投資講究的是如何追求，獲取更高、更大的利潤，以達到打敗指數，戰勝指數，是所有投資人夢寐以求，所要追求的終極目標，波段操作是最佳的選擇。

6. 股價走勢不外乎——漲升、跌降與整理；不論漲升或跌降其走勢又有「急漲型」、「急跌型」、「緩漲盤堅型」、「緩跌盤軟型」，其特徵為「急漲型」、「急跌型」者，日漲、跌、振幅大、成交量也大；「盤堅型」、「盤跌型」則走勢平穩，日漲、跌、振幅小、成交量也小。

15-1 漲跌走勢型態

1. 漲升多K急漲直上、跌降多K急跌直下（一氣到底）型（圖15-1-11、12）：

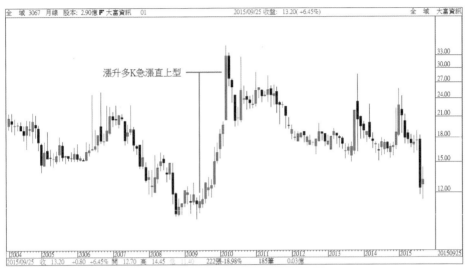

（15-1-11 全域月線圖）

（15-1-12 力群月線圖）

2. 漲升兩段與跌降兩段（三波）型（圖15-1-21）：

（15-1-21 新鋼月線圖）

3. 漲升三段與跌降三段（五波）型（圖15-1-31、32）：

（15-1-31 健鼎月線圖）

（15-1-32 訊舟月線圖）

4. 漲升四段與跌降四段型（圖15-1-41、42）：

（15-1-41 磬亞月線圖）

（15-1-42 由鈺德月線圖）

5. 漲升多波段緩漲盤堅與跌降多波段緩跌盤軟型（圖15-1-51、52）：

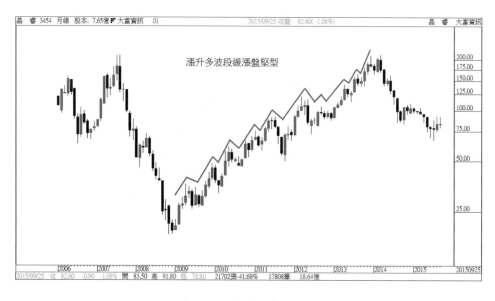

（15-1-51 晶睿月線圖）

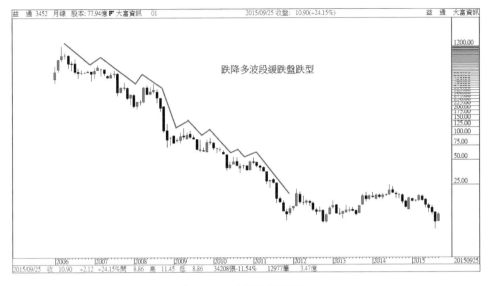

跌降多波段緩跌盤跌型

（15-1-52 益通月線圖）

6. 「一波三折」、「接二連三」在技術上，乃波段行進不變法則。有道
   是；人生路上，好事多磨，總是「一波三折」；不如意事，總是「禍不
   單行」、「接二連三」接踵而至；股價波段循環，亦是如此！

7. 上升三段五波與下跌二段三波，是股票市場在技術上的基本循環常態。

8. 大多頭市場大循環，歷經初升段、主升段、末升段，為大回升「上漲三
   大段」；大回檔（跌段）、大彈升（升波）、大回檔（跌段），為「下
   跌兩大段」；稱為「漲三大段、跌二大段」漲三跌二。

9. 大多頭回升市場，歷經初升段、主升段、末升段，為大回升「上漲三大
   段」；外加「回檔、回整」或「中期回檔、中級回整」，稱為「回升三
   段五波」。

10. 大多頭市場大修正波段，為大回檔（下跌波段）、大彈升（上升波
    段）、大回檔（下跌波段），此為「下跌兩段三波」。

11. 大多頭市場整理波段或大回整，其整理行進走勢多為下降旗形或橫向矩
    形「三段五波」整理。

12. 大多頭市場末升段整理，其整理行進走勢多為橫向小幅區間振盪「三段五波」整理。

13. 大多頭市場大整理波，其整理行進走勢多為橫向狹幅區間振盪「三段五波」整理。

14. 大多頭市場整理波段，回整、中期回整，其整理走勢多為下降旗形或橫向矩形「三段五波」，若有「整理四段」者，更應買進作多。

15. 大多頭市場末升段整理、大彈升整理、大整理，其整理走勢為橫向區間振盪「三段五波」，若有「整理四段」者，更應賣出持股。

16. 大空頭市場，歷經初跌段、主跌段、末跌段，為大回跌市場「下跌三大段」；大反彈（升波）、大壓回（跌段），為「下跌漲一跌一」；此為大空頭循環「跌三大段、漲一跌一」。

17. 大空頭回跌波段，歷經初跌段、主跌段、末跌段，為「下跌三大段」；外加「彈整」、「中期彈整」兩波，統稱「下跌三段五波」。

18. 大空頭市場「彈整」、「中期彈整」，其盤整行進走勢大多為上升旗形「三段五波」。

19. 大空頭市場「末跌段盤整」，其盤整行進走勢大多為橫向區間振盪矩形「三段五波」盤整。

20. 大空頭市場大盤整波，其盤整行進走勢多為橫向狹幅區間振盪矩形「三段五波」盤整。

21. 大空頭市場「彈整」、「中期彈整」，其彈整走勢多為上升旗形「三段五波」，盤整期間可採區間來回操作；若有「盤整四段」者，仍應逢高賣出。

22. 大空頭市場末跌段盤整、大盤整波，其盤整走勢多為橫向區間振盪「三段五波」，若有「盤整四段」者，盤整期間應逢低擇優買進。

23. 大空頭上升波段，若有漲四段者，則第四段為「超漲」，應賣。

24. 大空頭下跌波段，若有跌三段者，則第三段為「超跌」，可買進。

15-2 大循環大修正波段循環差異

1 大多頭大循環回升波段後,「常態」循環波段為大回檔 → 大彈升 → 大回檔;其最末波「大回檔」,應視288日均長期多空線之乖離而定。圖示(一)

2 若大彈升波後,直接進入「大彈升整理」,則最末波「大回檔」,不再出現,此為「非常態」循環,故此有兩種循環,差別如下:圖示(二)

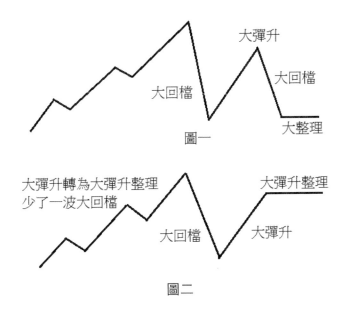

15-3 波段漲跌幅行進數算

1. K線數算

在整個波段上升或下跌行進過程中,未出現缺口或轉折線、轉機線,K線走勢呈現明顯曲折「五波段」一路盤堅或盤跌者,則以K線「五波段」數算之。

2. 轉折線與轉機線數算

在整個波段上升或下跌行進過程中，由轉折起漲點起算至高檔轉折止，其行進過程出現三至四次轉折線與轉機線者，則以「轉折線與轉機線」數算之。

3. 缺口數算

整個波段上升或下跌行進過程中，由起漲點起算至高檔轉折止，其行進過程出現三至四次「缺口」者，則以「缺口」數算之。

高檔或低檔區出現連續轉折線、連續轉機線或連續缺口，視同五波段行進結束數算。

轉折線、轉機線與缺口之數算，同步出現機率高，則以同步數算之。

4. RSI指標數算

當整個波段持續上升創新高，RSI指標呈現五波段上升創新高或三尊頭平前高或頭肩頂，此為RSI指標上升「五波段」數算。同樣，當整個波段持續下跌創新低，RSI指標呈現五波段下跌創新低或三重底平前高或頭肩底，此為RSI指標下跌「五波段」數算。

5. MACD 指標數算

當整個波段持續上升創新高，MACD柱狀指標呈現五波段上升創新高或三尊頭平前高或頭肩頂，此為MACD柱狀指標上升「五波段」數算。同樣，當整個波段持續下跌創新低，MACD柱狀指標呈現五波段下跌創新低或三重底平前高或頭肩底，此為MACD柱狀指標下跌「五波段」數算。

6. 對稱

1. 漲、跌、振幅對稱：暴漲起漲，暴漲止漲；巨漲起漲，巨漲止漲；大

漲起漲，大漲止漲；暴跌起跌，暴跌止跌；巨跌起跌，巨跌止跌；大跌起跌，大跌止跌為對稱。

2. 轉折線對稱：轉折線起漲，轉折線止漲；轉折線起跌，轉折線止跌為對稱。

3. 轉機線對稱：轉機線止跌，轉機線止漲；轉機線止漲，轉機線止跌為對稱。

4. 缺口對稱：缺口突破起漲，缺口止漲結束；缺口跌破起跌，缺口止跌結束為對稱。

5. 時間波對稱：時間波起漲，時間波結束；時間波起跌，時間波結束。

6. 型態對稱：反轉型態對稱及各類型態對稱。

7. 測量

1. 頸線壓力測量：起漲日至頸線壓力之漲幅多寡等於突破壓力後之漲幅；起跌日至壓力線之跌幅多寡等於跌破壓力線後之跌幅。

2. 長期288日多空軸線測量：起漲日至288日多空線軸線之漲幅多寡，等於突破288日多空線後之漲幅等幅計算；起跌日至288日多空線軸線之跌幅多寡，等於跌破288日多空線後之跌幅等幅計算。

3. 轉折線測量：轉折線起漲至中繼轉折線為等幅加計測量計算。

4. 缺口測量：缺口起漲至中繼缺口為等幅加計測量計算。

5. 時間波測量：本時間波起漲至下次時間波為測量。

大新解16-型態定義與買賣模式

16-1 型態判斷法

依據：股價漲升整理「做頭」；跌降盤整「築底」；頭部型態完整者「賣」；底部型態完整者「買」。

型態大致分為：K線型態與指標型態

1. K線略呈圓型或圓型開口朝上者為「底」（圖16-1-11）；開口朝下者為「頭」（圖16-1-12）。

（16-1-11 中宇月線圖）

（16-1-12 燁興月線圖）

2. K線呈W（雙）底型開口朝上者為「底」（圖16-1-21）；呈M（雙）頭型開口朝下者為「頭」（圖16-1-22）。

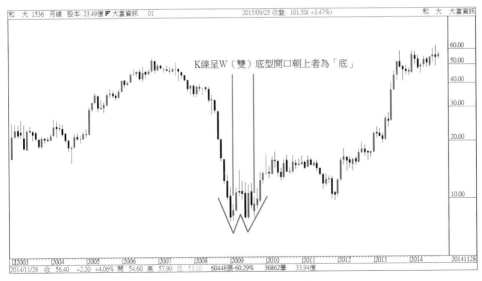

（16-1-21 和大月線圖）

（16-1-22 燁興月線圖）

3. K線呈三（多）重底開口朝上者為「底」（圖16-1-31）；呈三（多）尊
頭矩型開口朝下者為「頭」（圖16-1-32）。

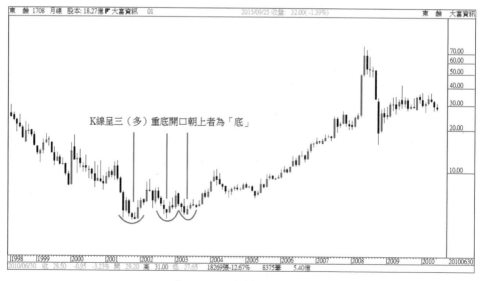

（16-1-31 東鹼月線圖）

（16-1-32 瑞利月線圖）

4. K線呈頭肩底型開口朝上者為「底」（圖16-1-41）；呈頭肩頂型開口朝下者為「頭」（圖16-1-42）。

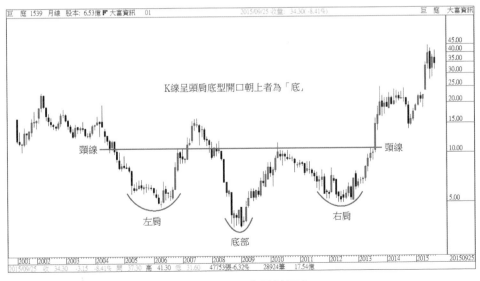

（16-1-41 巨庭月線圖）

（16-1-42 榮化月線圖）

5. K線於低檔區呈橫向區間或橫向一紅一黑、一陰一陽、一漲一跌矩型整理者為「底」（圖16-1-51、52）；於高檔區呈橫向區間或橫向一紅一黑、一陰一陽、一漲一跌矩型整理者為「頭」（圖16-1-53、54）。

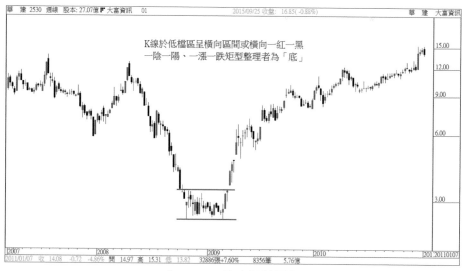

（16-1-51 華建週線圖）

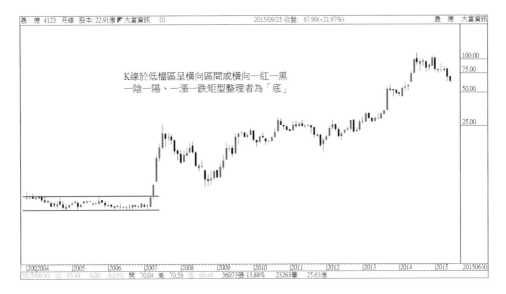

（16-1-52 晟德月線圖）

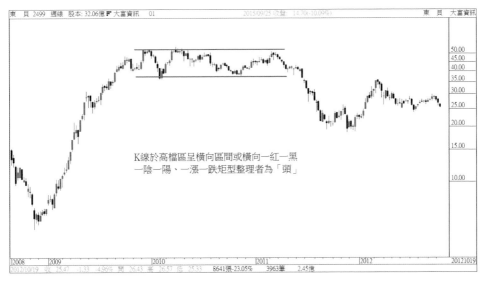

（16-1-53 東貝週線圖）

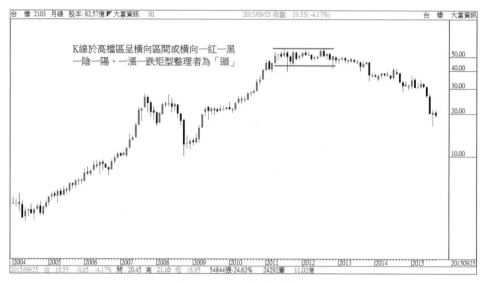

（16-1-54 台橡月線圖）

6. K線呈下降楔型整理者為「底」（圖16-1-61）；呈上升楔型整理者為「頭」（圖16-1-62）。

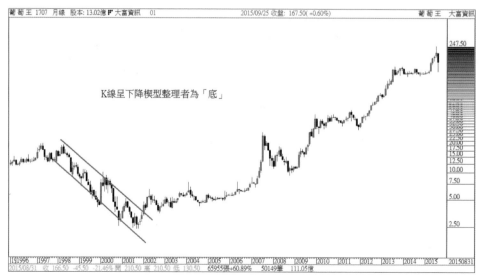

（16-1-61 葡萄王月線圖）

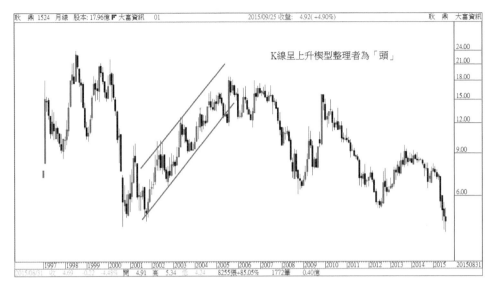

（16-1-62 耿鼎月線圖）

7. V型尖底反轉與Λ（倒V）型尖頭反轉（圖16-1-71）。

（16-1-71 大盤日線圖）

8. 缺口V型尖底島狀反轉與缺口Λ（倒V）型尖頭島狀反轉（圖16-1-81）。

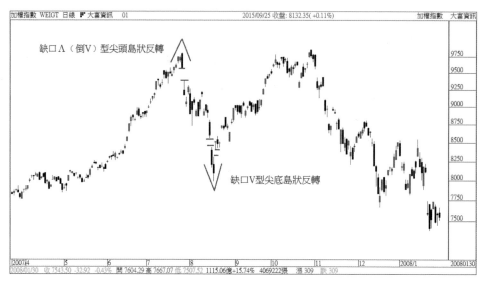

（16-1-81 大盤日線圖）

9. ∪型反轉與∩型反轉（圖16-1-91）。

（16-1-91 鼎天週線圖）

10. 缺口凵型島狀反轉與缺口⊓型島狀反轉（圖16-1-101）。

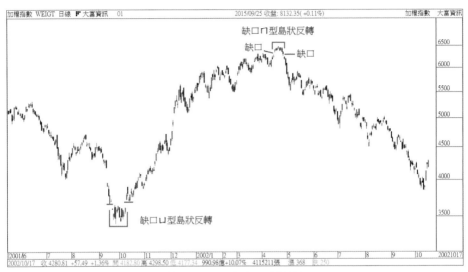

（16-1-101 大盤日線圖）

11. 價在平均線之下整理者為「底」（圖16-1-111）；價在平均線之上整理
　　者為「頭」（圖16-1-111）。

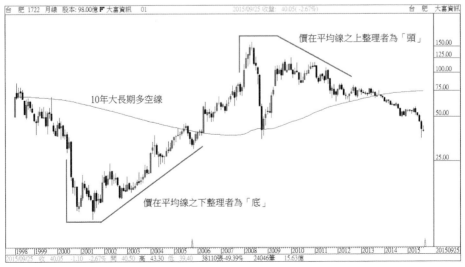

（16-1-111 台肥月線圖）

12. 指標6RSI＜12RSI在50以下略呈圓（碗）型或圓型開口朝上者為「底」
    （圖16-1-121）；6RSI＞12RSI在50以上略呈圓型開口朝下者為「頭」
    （圖16-1-122）。

（16-1-121 台壽保月線圖）

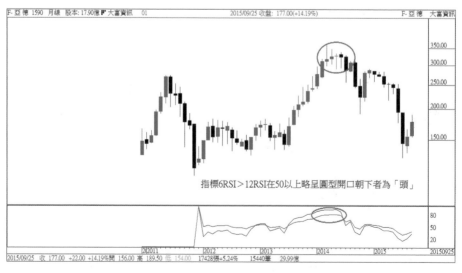

（16-1-122 F-亞德月線圖）

13. 指標6RSI＜12RSI在50以下呈W雙底型開口朝上者為「底」（圖16-1-131）；6RSI＞12RSI在50以上呈M雙頭型開口朝下者為「頭」（圖16-1-132）。

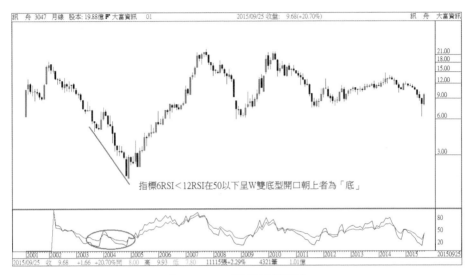

（16-1-131 訊舟月線圖）

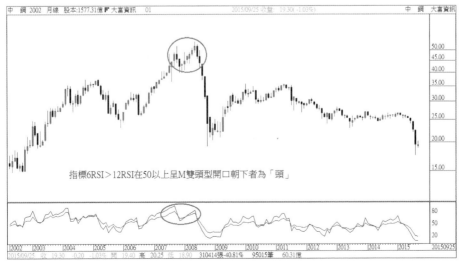

（16-1-132 中鋼月線圖）

14. 指標6RSI＜12RSI在50以下呈三（多）重底型開口朝上者為「底」（圖16-1-141）；6RSI＞12RSI在50以上呈三（多）重頂型開口朝下者為「頭」（圖16-1-142）。

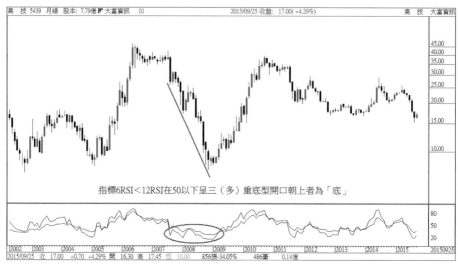

（16-1-141 高技月線圖）

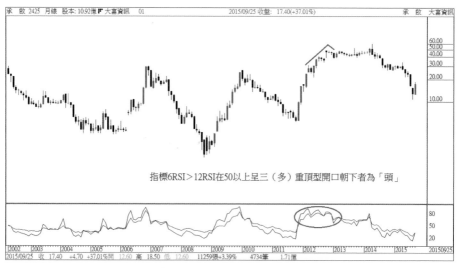

（16-1-142 承啟月線圖）

15. 指標6RSI＜12RSI在50以下呈頭肩底型開口朝上者為「底」（圖 16-1-151）；6RSI＞12RSI在50以上呈頭肩頂型開口朝下者為「頭」（圖16-1-152）。

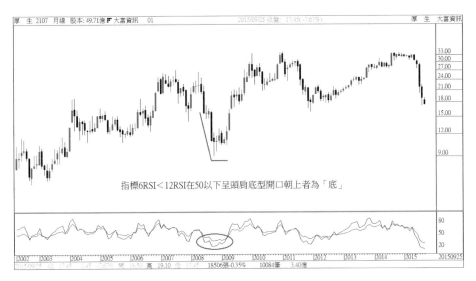

（16-1-151 厚生月線圖）

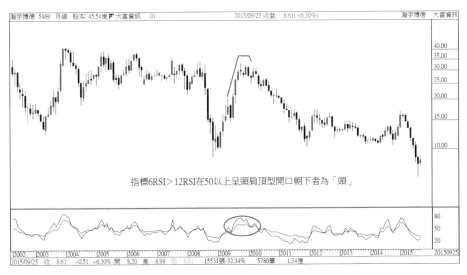

（16-1-152 瀚宇博德月線圖）

16. 指標MACD之柱狀在零軸之下呈W（雙）底型者為「底」（圖16-1-161）；柱
狀在零軸之上呈M（雙）頭型者為「頭」（圖16-1-161）。

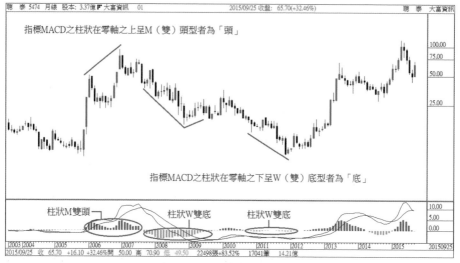

（16-1-161 聰泰月線圖）

17. 指標MACD之柱狀在零軸之下呈三（多）重底型者為「底」（圖16-1-171）；
柱狀在零軸之上呈三（多）重頂型者為「頭」（圖16-1-171）。

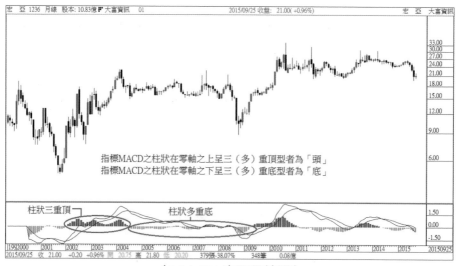

（16-1-171 宏亞月線圖）

18. 指標MACD之柱狀在零軸之下呈頭肩底型者為「底」（圖16-1-181）；
柱狀在零軸之上呈頭肩頂型者為「頭」（圖16-1-182）。

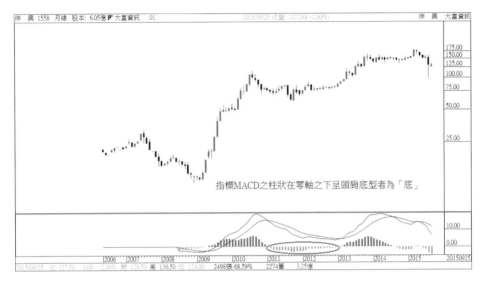

（16-1-181 伸興月線圖）

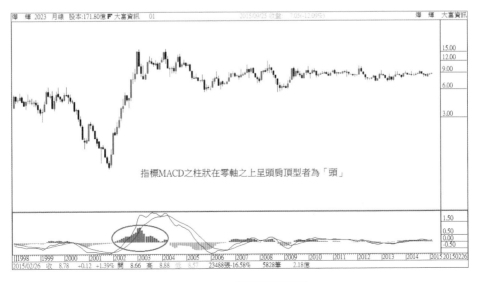

（16-1-182 燁輝月線圖）

16-2 整理型態

大多頭市場之回整、中級回整、大回整或大空頭市場之末跌段盤整、大盤整；其整理型態為「頭肩底型」、「圓底型」、「W底型」和「矩形三（多）底型」，整理完後，行情將以突破方式，突破整理區，繼續向上走升。

多頭市場上升波段，股價拉回，做10日左右休息整理，稱為「拉回整理」，屬短期的小型態小底整理；其整理型態為「下降矩型」、「下降三角型」、「三角型」、「矩形」，整理完後，行情將以突破方式，突破整理，向上回升。

以下為各類型漲升「型態」手繪參考圖

1. 圓底形整理型態，整理後「突破」頸線壓力反轉向上。

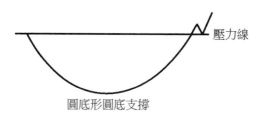

圓底形圓底支撐

2. 頭肩底（或複合頭肩底）形整理型態，整理後「突破」頸線壓力反轉向上。

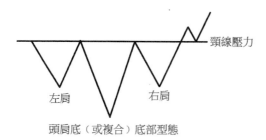

頭肩底（或複合）底部型態

3. 矩形三重底型整理型態，整理後「突破」頸線壓力反轉向上。

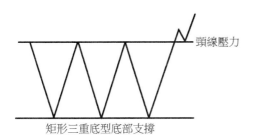

4. W雙底形整理型態，整理後「突破」頸線壓力反轉向上。

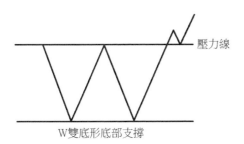

5. 下降楔形整理型態整理，整理後「突破」下降壓力反轉向上。

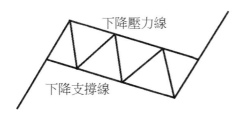

6. 下降收斂三角旗形整理型態：約在1/3處「突破」下降壓力線，反轉向
上。

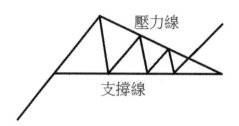

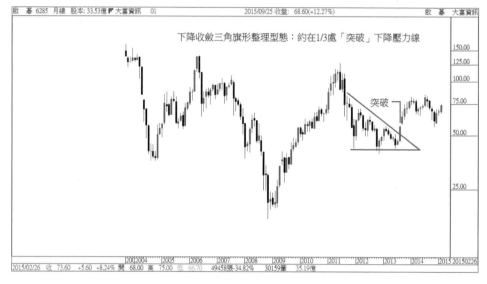

（16-2-6 啟碁月線圖）

16-3 盤整整理型態

大空頭市場「彈整」、「中級彈整」、「大反彈盤整」或大多頭市場之「末升段整理」、「大彈升整理」、「大整理」之盤整整理型態，其整理型態為「頭肩頂型」、「圓頭型」、「M頭型」和「矩形三（多）頭型」整理完後，行情將以跌破方式，跌破整理區，向下回跌。

空頭市場下跌波段，股價回彈，做10天左右休息整理，稱為「回彈整理」，屬短期的小型態小頭盤整整理；其整理型態為「上升旗型」、「上

升三角型」、「三角型」、「矩形」整理完後，行情將以跌破方式，跌破整理，繼續下跌。

以下為各類型跌降「型態」手繪參考圖

1. 圓頭形整理型態，整理後「跌破」頸線支撐反轉向下。

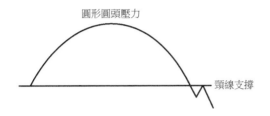

2. 頭肩頂形（或複合頭肩頂）整理型態，整理後「跌破」頸線支撐反轉向下。

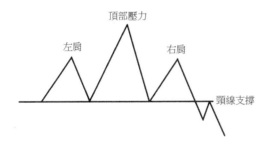

3. 矩形三重頂整理型態，整理後「跌破」頸線支撐反轉向下。

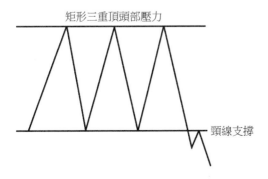

4. M頭形整理型態，整理後「跌破」頸線支撐反轉向下。

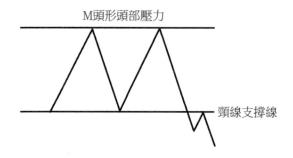

5. 上升楔形整理型態，整理後「跌破」上升支撐線，反轉向下。

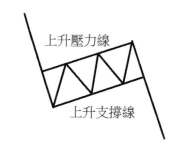

（16-3-5 啟碁月線圖）

6. 上升收斂三角旗形盤整整理型態：必在1/2 或2/3處「跌破」上升支撐線，反轉向下。

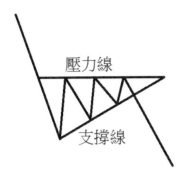

16-4　V型與∧（倒V）型反轉型態

1. V型反轉，反轉向上：

V型反轉

2. ∧（倒V）型反轉，反轉向下：

∧型反轉

大新解17-突破跌破定義與買賣模式

17-1 短、中、長期K線圖平均線「突破」定義

1. 短期日K線圖平均線「突破」定義

- 日6線：定義為「突破短期6日線」。

- 日10線：定義為「突破短期10日多空線」。

- 日6、10線：定義為「突破短期多空雙線」。

- 日30線：定義為「突破中期30日多空線」。

- 日6、10、30線：定義為「突破短中期多空三線」。

- 日72線：定義為「突破中期72日線」。

- 日144線：定義為「突破中期144日線」。

- 日30、72線：定義為「突破30、72日中期多空雙線」。

- 日72、144線：定義為「突破中期72、144日雙線」。

- 日30、72、144線：定義為「突破30、72、144日中期多空三線」。

- 日6、10、30、72線：定義為「突破短、中期多空四線」。

- 日6、10、30、72、144線：定義為「突破短、中期多空五線」。

- 日288線：定義為「突破288日長期多空線」。

- 日6、10、30、72、144、288線：定義為「突破短、中、長期多空六線」（圖17-2-11）。

2. 中期週K線圖平均線「突破」定義

◉ 週6線：定義為「突破中期6週線」。

◉ 週13線：定義為「突破中期13週線」。

◉ 週26線：定義為「突破中期26週線」。

◉ 週6、13線：定義為「突破中期週雙線」。

◉ 週6、13、26線：定義為「突破中期週三線」。

◉ 週52線：定義為「突破長期52週線」。

◉ 週6、13、26、52線：定義為「突破中長期週四線」。

3. 長期月K線圖平均線「突破」定義

◉ 月6線：定義為「突破中期6月線」。

◉ 月12線：定義為「突破長期12月線」。

◉ 月24線：定義為「突破長期24月線」

◉ 月6、12線：定義為「突破中長期6、12月雙線」。

◉ 月6、12、24線：定義為「突破中長期6、12、24月三線」

◉ 月120線：定義為「突破大長期120月多空線」（10年線）。

17-2 突破定義與使用

1. 突破－－要買（圖17-2-11）

依據：平均線上升有「支撐」和「助漲」作用

　　當扣抵均線由跌轉為跌緩走平，股價由下向上穿越或跳空越過平均線，平均線轉為走升上漲時，稱為「突破」。

　　當股價在平均線、指標、型態頸線、下降趨勢線之下時，出現價由下往上突破向上穿越各該線壓力轉為支撐者，稱為「突破」。

　　在技術上，「突破」須帶量突破。

突破大突破長期大突破，買點大買點長期大買點。

凡整理循環接續波為上升波，其「突破」皆為買進訊號。

所謂「突破」，就是突破平均線、突破RSI指標型態、突破下降趨勢線、突破型態頸線，如頭肩底、三重底、W雙重底…。

所謂「突破」，就是陽食陰突破、平均線由下降轉為上升、壓力轉為支撐、空頭轉成為多頭。

凡是「突破」，其K線必需是轉折線，技術上確認較為可靠。

凡是「突破」，其漲幅需以大K線大漲或巨漲以上，且站穩三日以上者，方為有效突破。

大多頭大回升市場之回升波或整理波出現「突破」，皆為買進時機。

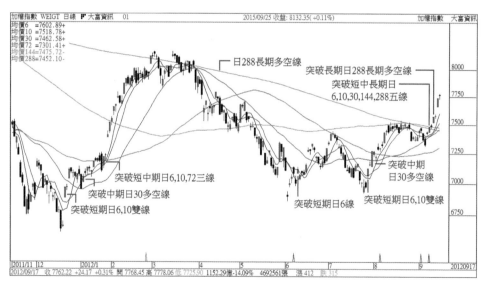

（17-2-11 大盤日線圖）

1. 當下跌波段跌幅滿足觸底，出現強勁反彈，「突破」短期6或10日多空線，為短期「突破」短多轉強買進訊號；「突破」中期30日多空線，為中期「突破」中多轉強買進訊號。

2. 回檔、回整波整理區末端，出現突破6、10、30短中期多空三線，則短中期多空三線由跌轉漲、由空轉多、由壓力轉為支撐，此為「短中期多空三線突破」應買進。

3. 回整、中期回整波整理區末端，出現突破短中期四線或五線，則短中四線或五線由跌轉漲、由空轉多、由壓力轉為支撐，此為「中期四或五線突破」應買進，回升行情展開。

4. 大盤整波整理區末端，突破短、中、長期四、五或六線，為大盤整整理即將結束，應全力買進。

2. 大突破－－大買點（圖17-2-21）

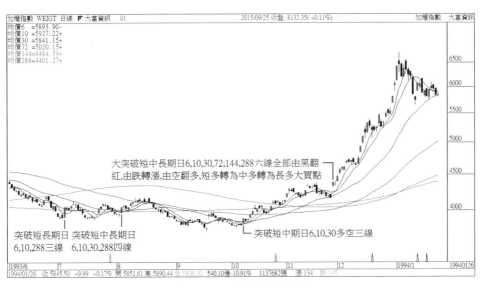

（17-2-21 大盤日線圖）

1. 大空頭市場大盤整波結束後，出現「大突破」突破288日長期多空線為「大突破」大買點，大突破大多頭行情正式啟動。

2. 「大突破」出現短、中、長期各均線全部由黑翻紅、由跌轉漲、由空翻多轉為長多，為長多「大買點」。

3.「大突破」後，288日「大壓力」線轉為「大支撐」線，拉回遇大支撐，為「大買點」。

3. 大長期大突破－－大長期大買點（圖17-2-31）

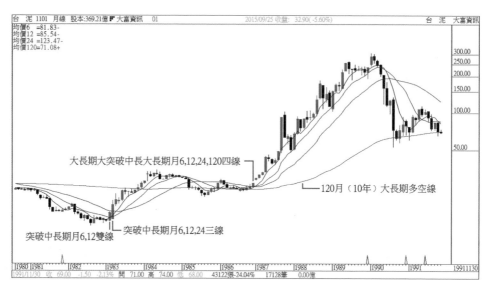

（17-2-31 台泥月線圖）

1. 120月（10年）均線為大長期多空基準線。

2. 大長期線以月K線圖為基準。

3. 大長期大突破，突破「10年均線為大長期多空基準線」，要大買，可較長期持有。

4. 120月（10年）均線，為「大長期支撐線」，遇大長期支撐線，為「大長期大買點」。

5.「大長期大突破」突破10年均大長期多空線，大長期6、12、24、120月均線全部翻揚向上，為大長期大多頭市場啟始，簡稱「大長多市場」或「大長多」，為大長期大買點。

17-3 假突破－－要賣

依據：均線下降有「下引力」作用

　　當扣抵價為高價，股價由下向上穿越或跳空向上穿越突破平均線，扣抵均線仍繼續走跌其「下引力」作用時，稱為「假突破」。

1. 漲升段高檔整理，前價高點為壓力，「突破」前價壓力高點，為「假突破」賣出訊號（圖17-3-11）。

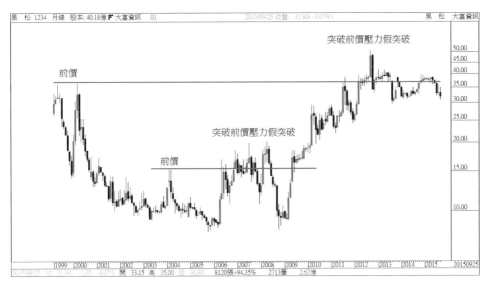

（17-3-11 黑松月線圖）

2. 大空頭市場大跌破初期反彈，30日中期多空線為彈幅滿足點，扣抵均線仍持續下滑，若有「突破」屬反彈超漲「假突破」賣出訊號（圖17-3-12）。
3. 跌降波段中期反彈，72~144日為均線彈幅滿足點，扣抵均線仍持續下滑，若有「突破」屬中期反彈超漲「假突破」賣出訊號（圖17-3-12）。
4. 大空頭市場大反彈波段，288日長期多空線為彈幅滿足點，扣抵均線仍持續下滑，若有「突破」，屬大反彈超漲「假突破」賣出訊號（圖17-3-12）。

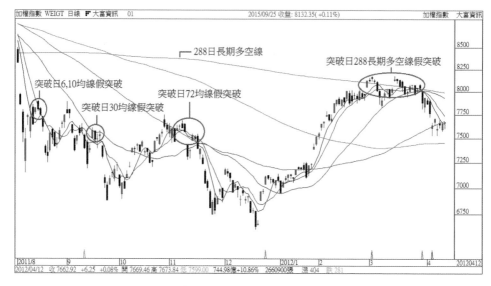

（17-3-12 大盤日線圖）

17-4「突破」整理型態

大多頭市場之回整、中級回整、大回整或大空頭市場之末跌段盤整、大盤整；其整理型態為「頭肩底型」、「圓底型」、「W底型」和「矩形三（多）底型」，整理完後，行情將以突破方式，突破整理區，繼續向上走升。

多頭市場上升波段，股價「拉回整理」，屬短期的小型態小底整理；其整理型態為「下降矩型」、「下降三角型」、「三角型」、「矩形」，整理完後，行情將以突破方式，突破整理，向上回升。

以下為各類型漲升「突破型態」手繪參考圖

1. 圓底形整理型態，整理後「突破」壓力線，反轉向上。

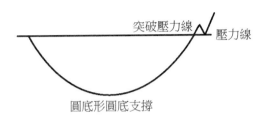

2. 頭肩底形整理型態，整理後「突破」頸線壓力，反轉向上。

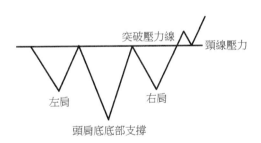

3. 矩形三重底形整理型態，整理後「突破」壓力線，反轉向上。

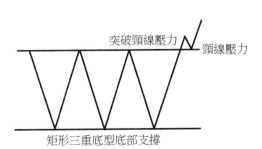

4. W雙底形整理型態，整理後「突破」壓力線，反轉向上。

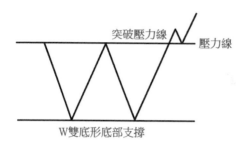

5. 下降楔形整理型態整理後「突破」下降壓力線，反轉向上。

6. 下降收斂三角旗形整理型態：約在1/3處「突破」下降壓力線，反轉向上。

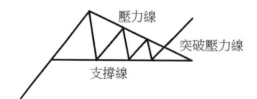

17-5 突破V型與ㄩ型反轉型態

1. V型反轉

突破V型反轉

2. 突破缺口V型反轉

突破缺口V型反轉

3. 突破缺口ㄩ型反轉

突破缺口ㄩ型反轉

17-6 短、中、長期K線圖平均線「跌破」定義

1. 短期日K線圖平均線「跌破」定義

◉ 日6線：定義為「跌破短期6日線」。

◉ 日10線：定義為「跌破短期10日多空線」。

◉ 日6、10線：定義為「跌破短期多空雙線」。

◉ 日30線：定義為「跌破中期30日多空線」。

◉ 日6、10、30線：定義為「跌破短中期多空三線」。

◉ 日72線：定義為「跌破中期72日線」。

◉ 日30、72線：定義為「跌破中期30、72日多空雙線」。

◉ 日144線：定義為「跌破中期144日線」。

◉ 日72、144線：定義為「跌破中期72、144日中期雙線」。

◉ 日30、72、144線：定義為「跌破30、72、144日中期多空三線」。

◉ 日6、10、30、72線：定義為「跌破短、中期多空四線」。

◉ 日6、10、30、72、144線：定義為「跌破短、中期多空五線」。

◉ 日288線：定義為「跌破288日長期多空線」。

◉ 日6、10、30、72、144、288線：定義為「跌破短、中、長期多空六線」（圖17-7-11）。

2. 中期週K線圖平均線「跌破」定義

◉ 週6線：定義為「跌破中期6週線」。

◉ 週13線：定義為「跌破中期13週線」。

◉ 週26線：定義為「跌破中期26週線」。

◉ 週6、13線：定義為「跌破中期週雙線」。

◉ 週6、13、26線：定義為「跌破中期週三線」。

◉ 週52線：定義為「跌破長期52週線」。

◉ 週6、13、26、52線：定義為「跌破中長期週四線」。

3. 長期月K線圖平均線「跌破」定義

◉ 月6線：定義為「跌破中期6月線」。

◉ 月12線：定義為「跌破長期12月線」。

◉ 月24線：定義為「跌破長期24月線」

◉ 月6、12線：定義為「跌破中長期6、12月雙線」。

◉ 月6、12、24線：定義為「跌破中長期6、12、24月三線」

◉ 月120線：定義為「跌破大長期120月多空線」

17-7 跌破定義與使用

1. 跌破－－要賣（圖17-7-11）

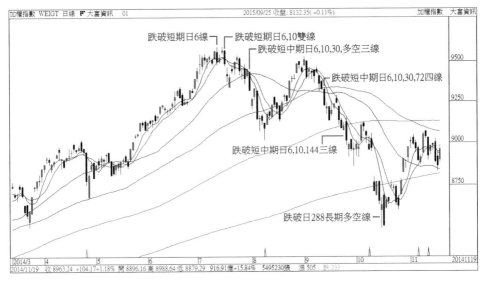

（17-7-11 大盤日線圖）

依據：平均線下跌有「壓力」和「助跌」作用

當扣抵均線由漲轉為走平，股價由上向下或跳空向下穿越平均線，平均線轉為下降走跌時，稱為「跌破」。

所謂「跌破」，就是跌破平均線、跌破RSI指標型態、跌破上升趨勢線、跌破型態頸線，如頭肩頂、三重頂、M雙頭⋯，凡是「跌破」必賣。凡是「跌破」，可不受跌幅大小和轉折線限制，但須有「止漲、不漲」訊號。

所謂「跌破」，就是陰食陽跌破、平均線由上升轉為下降、支撐轉為壓力、多頭轉成為空頭。

◎ 當漲升波段漲幅滿足觸頂，出現觸頂強力回跌，「跌破」短期6或10日多空線由多轉空、由漲轉跌，為短期「跌破」短空轉跌賣出訊號；「跌破」中期30日多空線由多轉空、由漲轉跌，為中期「跌破」中空轉跌賣出訊號。

◎ 回彈、彈整波整理區末端，出現跌破6、10、30短中期多空三線，則短中期多空三線由漲轉跌、由多轉空、由支撐轉為壓力，此為「短中期多空三線跌破」應賣出。

◎ 彈整、中期彈整波整理區末端，出現跌破短中期四線或五線，則短中四線或五線由漲轉跌、由多轉空、由支撐轉為壓力，此為「中期四或五線跌破」，應賣出。

◎ 大整理波整理區末端，跌破短、中、長期四、五或六線，為大盤整整理即將結束，應全力賣出。

2. 大跌破－－大賣點（圖17-7-21）

◎ 大多頭市場大整理波結束後，出現「大跌破」跌破288日長期多空線為「大跌破」大賣點，大跌破大空頭行情正式啟動。

◎ 「大跌破」出現短、中、長期各均線同步由紅翻黑、由漲轉跌、由長多轉為長空，為長空「大賣點」。

◎ 「大跌破」後，288日「大支撐」線轉為「大壓力」線，回彈遇大壓力線，為回彈「大賣點」。

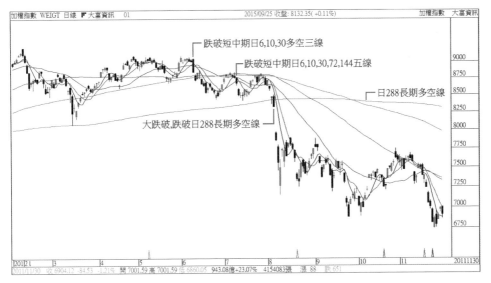

（17-7-21 大盤日線圖）

◉ 當行情處於高檔橫向區間整理，各期均線乖離縮小或形成纏線糾結，出現「大跌破」，短、中、長期各均線全部翻黑朝下，此為「大跌破大賣點」。

◉ 「大跌破大賣點」，應出清手中持股，多單不可留。

3. 大長期大跌破－－大長期大賣點（圖17-7-31）

◉ 120月（10年）均線為大長期多空基準線。

◉ 大長期線以月K線圖為基準。

◉ 大長期大跌破，跌破「10年大長期多空基準線」，要大賣。

◉ 120月（10年）均線，為「大長期壓力線」，遇大長期壓力線，為「大長期大賣點」。

◉ 「大長期大跌破」，跌破10年大長期多空線，大長期6、12、24、120月均線全部翻黑向下，為大長期大空頭市場起始，簡稱「大長空市場」或「大長空」，為大長期大賣點。

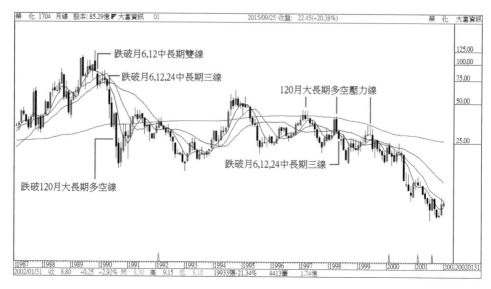

（17-7-31 榮化月線圖）

17-8 假跌破－－要買（圖17-8-11、12）

（17-8-11 南僑月線圖）

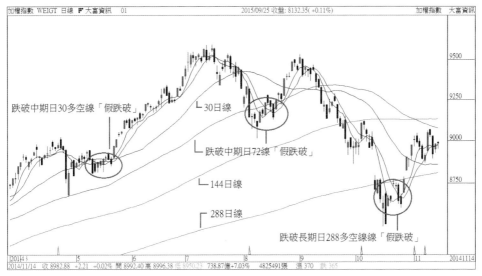

（17-8-12 大盤日線圖）

依據：扣抵均線上升有「上引力」作用

當扣抵價為低價，股價由上向下或跳空向下穿越跌破平均線，扣抵平均線仍繼續走升上漲「上引力」作用時，稱為「假跌破」。

1. 跌降段低檔整理，前價低點為支撐，「跌破」前價支撐低點，為「假跌破」買進訊號。

2. 大突破後股價回升，拉回至短期6或10日多空均線為滿足，股價指數跌破且6或10日扣抵均線持續上升，屬拉回超跌「假跌破」，應買進；此為加碼買進時機（17-8-12大盤日線圖）。

3. 漲升波段回檔至中期30日多空線為滿足，跌破且中期30日扣抵多空線持續上升，屬回檔超跌「假跌破」，是回檔買進時機。

4. 漲升波段中期回檔或中期回整波至72~144日為均線滿足點，若有跌破且72或144日扣抵均線持續上升，屬超跌中期「假跌破」，應趁機買進。

5. 大回檔波，此波為大多頭市場下跌波段，其下跌滿足點為長期288日多空線大支撐；若有跌破且288日多空大支撐扣抵均線持續上升，屬大回檔超跌「假跌破」，應買進。

17-9「跌破」盤整整理型態

大空頭市場「彈整」、「中期彈整」、「大反彈盤整」或大多頭市場之「末升段整理」、「大彈升整理」、「大整理」之盤整整理型態，其整理型態為「頭肩頂型」、「圓頭型」、「M頭型」和「矩形三（多）頭型」整理完後，行情將以跌破方式，跌破整理區，向下回跌。

空頭市場下跌波段，股價「回彈整理」，屬短期的小型態小頭盤整整理； 其整理型態為「上升旗型」、「上升三角型」、「三角型」、「楔型」整理完後，行情將以跌破方式，跌破整理，繼續下跌。

以下為各類型跌降「型態」手繪參考圖

1. 圓頭形整理型態，整理後「跌破」支撐線，反轉向下。

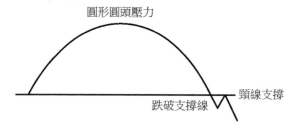

2. 頭肩頂形整理型態，整理後「跌破」頸線支撐，反轉向下。

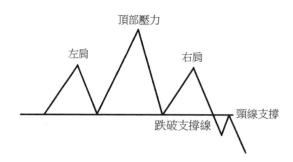

3. 矩形三重頂整理型態，整理後「跌破」支撐線，反轉向下。

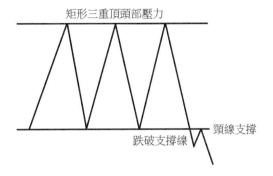

4. M頭形整理型態，整理後「跌破」支撐線，反轉向下。

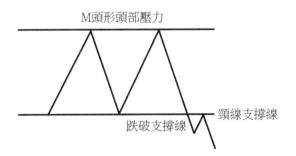

5. 上升楔形整理型態，整理後「跌破」上升支撐線，反轉向下。

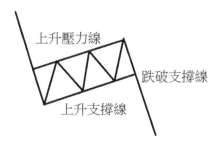

6. 上升收斂三角旗形盤整整理型態：必在1/2或2/3處「跌破」上升支撐線，反轉向下。

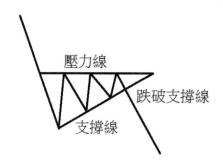

17-10 跌破∧（倒V）型反轉與∏型反轉

1. ∧型反轉

跌破∧型反轉

2. 跌破缺口∧型反轉

跌破缺口∧型反轉

3. 跌破缺口∩型反轉

跌破缺口∩型反轉

大新解 *18-* 支撐壓力定義 與買賣模式

18-1 平均線支撐定位

依據：

◎ 凡平均線由下往上、由跌轉漲、由空轉多，其均線有「支撐」和「助漲」作用；凡遇「支撐」，皆是買進訊號！

◎ 凡K線前低價為「支撐」，遇前低價支撐者，為買進訊號！

◎ 凡「突破」K線價前高壓力者，其前高壓力轉為「支撐」，拉回遇前高價支撐者，為買進訊號！

◎ 凡K線「型態」之底部線為「支撐」，遇底部線支撐為買進訊號！

◎ 凡K線型態之頸線、壓力線為壓力，「突破」型態壓力線，其壓力線轉變為「支撐」，遇型態支撐者，為買進訊號！

◎ 當股價在平均線之上，無論均線走揚、持平或下跌，股價指數拉回遇平均線，其平均線皆有「支撐」作用。

◎ 當股價指數突破平均線，平均線由下往上扭轉走揚，止跌回升，則平均線向上有「助漲」作用，股價拉回遇平均線，為買進時機。

◎ 價在平均線、K線、指標型態底線、頸線、趨勢線之上者，則各該線為支撐，遇支撐為買進時機。

價遇支撐（盤面）現象——

遇支撐價即快速向上拉升

遇支撐價委買量持續掛進

跌破支撐價就往上拉升，持續數回

1. 短期日均線「支撐」定位（圖18-1-11）

依據：平均線單線、聚線與纏線定義

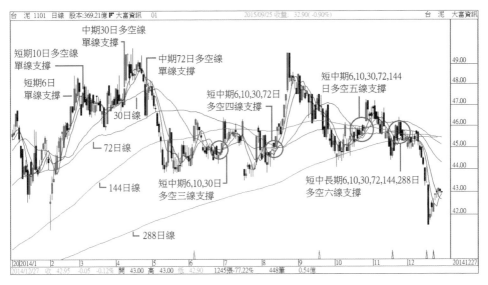

（18-1-11 台泥日線圖）

- 價在日6均線之上：定位為「短期6日單線支撐」。

- 價在日10均線之上：定位為「短期10日多空單線支撐」。

- 價在日30均線之上：定位為「中期30日多空單線支撐」。

- 價在日6、10均線之上：定位為「短期6、10日多空纏線雙支撐」。

- 價在日6、10、30均線之上：定位為「短中期6、10、30日多空纏線三支撐」。

- 價在日72均線之上：定位為「中期72日單線支撐」。

- 價在日144均線之上：定位為「中期144日單線支撐」。

- 價在日30、72均線之上：定位為「中期30、72日多空纏線雙支撐」。

- 價在日30、72、144均線之上：定位為「中期30、72、144日多空纏線三支撐」。

◉ 價在日6、10、30、72均線之上：定位為「短中期6、10、30、72日纏線四支撐」。

◉ 價在日6、10、30、72、144均線之上：定位為「短中期6、10、30、72、144日纏線五支撐」。

◉ 價在日288日均線之上：定位為「288日長期多空單線大支撐」。

◉ 價在日6、10、30、72、144、288均線之上：定位為「短中長期6、10、30、72、144、288日六線纏線大支撐」。

2. 中期週均線「支撐」定位（圖18-1-21）

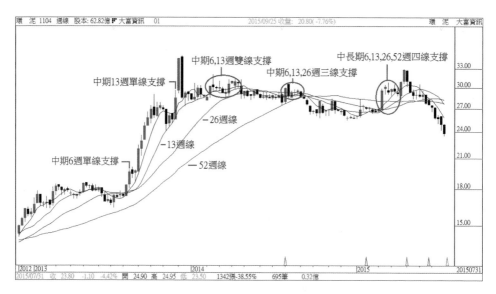

（18-1-21 環泥週線圖）

◉ 價在週6均線之上：定位為「中期6週單線支撐」。

◉ 價在週13均線之上：定位為「中期13週單線支撐」。

◉ 價在週26均線之上：定位為「中期26週單線支撐」。

◉ 價在週6、13均線之上：定位為「中期6、13週纏線雙支撐」。

◉ 價在週6、13、26均線之上：定位為「中期6、13、26週線纏線三支撐」。

◉ 價在週52均線之上：定位為「長期52週線大支撐」。

◉ 價在週6、13、26、52均線之上：定位為「中長期6、13、26、52週線纏線四支撐」。

3. 長期月均線「支撐」定位（圖18-1-31）

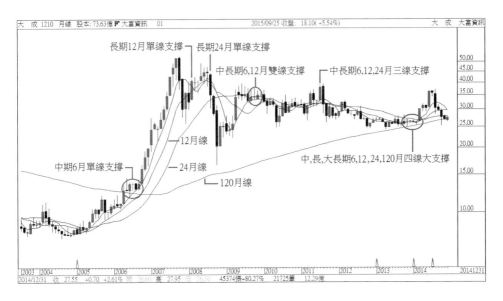

（18-1-31 大成月線圖）

◉ 價在月6均線之上：定位為「中期6月單線支撐」。

◉ 價在月12均線之上：定位為「長期12月單線大支撐」。

◉ 價在月24均線之上：定位為「長期24月單線支撐」。

◉ 價在月6、12均線之上：定位為「中長期6、12月纏線雙支撐」。

◉ 價在月6、12、24均線之上：定位為「中長期6、12、24月纏線三支撐」。

◎ 價在月120均線之上：定位為「大長期10年多空單線大支撐」。

◎ 價在月6、12、24、120均線之上：定位為「中、長、大長期6、12、24、120月四線纏線大支撐」。

18-2 支撐的種類

1. 平均線支撐與使用

◎ 漲升波段，平均線持續向上盤升，股價回檔遇平均線，皆為「支撐」，遇支撐是買進訊號！

◎ 平均線上升走勢愈陡，技術性支撐愈強；平均線上升走勢愈平，技術性支撐愈平就愈弱。

◎ 平均線雙線以上者為「纏線」，愈多線者技術支撐就愈大。

◎ 波段上升行情，只有支撐，不考慮壓力。

◎ 回升波段，股價指數拉回遇平均線，皆為「支撐」，為買進時機。

◎ 大多頭市場「大彈升波」，短、中期均線橫亙在上形成短、中期空頭，見壓不是壓，不考慮均線壓力。

◎ 大空頭市場「大反彈波」，短、中、長期均線橫亙在上形成長期空頭，見壓不是壓，不考慮壓力。

2. 型態支撐

◎ 底部支撐線支撐：股價指數拉回遇前低點為支撐，遇支撐為買進時機（圖18-2-21）。

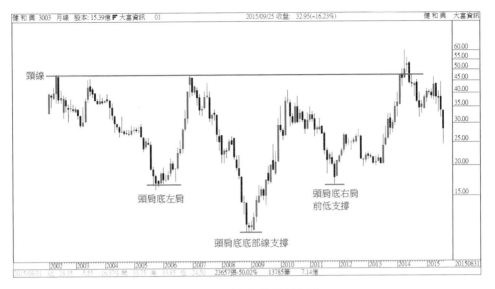

（18-2-21 健和興月線圖）

● 頸線支撐：突破型態後，底部完成，頸線壓力轉為支撐，拉回頸線測試，遇頸線支撐為買進時機（圖18-2-22）。

（18-2-22 大立光月線圖）

● 上升趨勢線支撐：股價指數沿上升趨勢線走升，拉回遇支撐線為買進時機（圖18-2-23）。

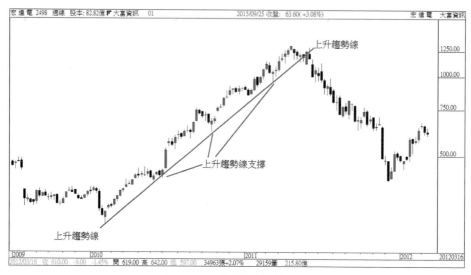

（18-2-23 宏達電週線圖）

● K線前低價為「支撐」，應注意買進（圖18-2-24）。

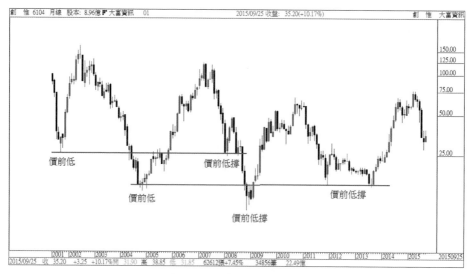

（18-2-24 創惟月線圖）

3. 心理性支撐

◉ 股價遇10、50、100、500、1000元…者，為心理性「整數關卡壓力」。

◉ 指數遇100、500、1,000、5,000、10,000點…者，為心理性「整點關卡壓力」。

4. 單支撐、雙支撐、多支撐與大支撐

◉ 在技術上，「支撐線」愈多，支撐性愈強，技術可靠性就愈大；也就是說其強性和可靠性為：多支撐＞雙支撐＞單支撐。

◉ 單支撐：為單一技術性支撐；如遇「單一均線」或「頸線」支撐。

◉ 雙支撐：同時遇兩種技術性支撐，如72日均線和13週均線，兩均線幾乎同價位或糾結或一均線＋頸線…等。

◉ 多支撐：同時遇三種或三均線以上同時會合糾纏之技術性支撐。
大支撐：大多頭市場288日均線為大支撐。

18-3 支撐點的形成、測試、完成和確認

1. 型態底部支撐點的形成、測試、完成和確認（圖18-3-11）

◉ 整理或盤整之整理型態，其整理過程必經形成點（觸底點）、測試點、完成點至確認點，才算完成底部之完全確認。

◉ 以大空頭市場大盤整波為例（假設其盤整為三段五波，三底型）：大壓回波行情低檔，出現觸底反彈，此觸底點為大盤整波「底部第一形成點」。

◉ 形成點觸底反彈後，拉回至底部第一形成點支撐止跌，此點為底部第二畫線「測試點」（兩點連一線，技術底部支撐線於焉形成）。

◉ 由於大壓回波結束後，將進行大盤整波低量、低振幅的打底作底走勢行情，其走勢為上下區間振盪，反覆來回測試，此為底部第三測試「完成點」。

◉ 再度回測支撐完成點，至此底部可說完成確認，故此點為底部第四「確認點」（如下圖示）。

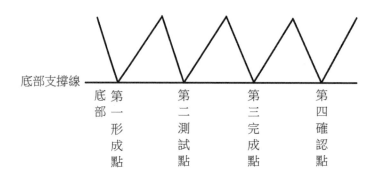

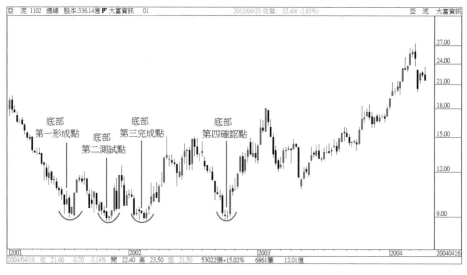

（18-3-11 亞泥週線圖）

◉ 型態之底部形成、測試、完成至確認，如同波段行進三段五波，第四確認點為盤整第四段，在短期K線圖上未必出現；第四確認點通常在完成點後，於盤中作拉回確認動作，但若在K線圖上出現第四確認點，則底部更寬更廣更紮實。

　　以上型態底部之四個支撐點，在實務操作上可將此四點簡化為如下：

◉ K線價第一支撐形成點，稱為「價撐」；第二支撐點，稱為「價2撐」；第三支撐點，稱為「價3撐」；第四支撐點，稱為「價4撐」（圖18-3-12）。

（18-3-12 恆大月線圖）

◉ 平均線支撐，稱為「線撐」

◉ 短期日10均線，定位為「日10短期多空支撐線」。

◉ 中期日30均線，定位為「日30中期多空支撐線」。

◉ 長期日288均線，定位為「日288長期多空支撐線」。

◉ 長期月120均線，定位為「月120大長期多空支撐線」。

註：四點確認在短期K線圖上未必出現，在期貨短分線圖（五分鐘）上，屢見不鮮。

2. 均線為支撐自然形成點

　　均線支撐之有效與否，仍需經形成、測試、完成和確認過程，故投資

人欲在回升波或彈升波作拉回買進時，宜把握充分時間從容低接買進。

　　股價拉回觸及均線支撐，其支撐點稱為「均線支撐觸及點」，而此支撐第一次觸及，稱為「均線支撐第一自然形成點」；第二次為「均線支撐第二測試點」；第三次為「均線支撐第三完成點」；第四次為「均線支撐第四確認點」，如此支撐不斷反覆測試，則支撐點更紮實，籌碼也更穩定。

3. 支撐點的確認種類

● V型反轉單點支撐：由形成、測試、完成至確認一次完成，屬上升強勢市場型；如一食一陽食線、陽並線、陽反向對應線V型反轉向上（圖18-3-31）。

（18-3-31 聚鼎月線圖）

● W型雙底雙點支撐：由形成至確認雙底完成（圖18-3-32）。

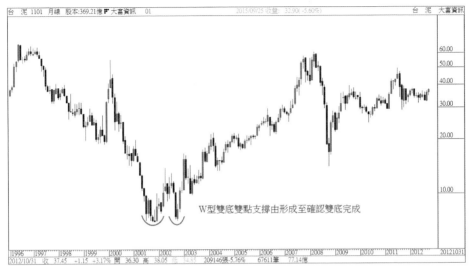

（18-3-32 台泥月線圖）

● 三底型三點支撐：屬三段五波整理型；由觸底形成點至確認以三點完成。

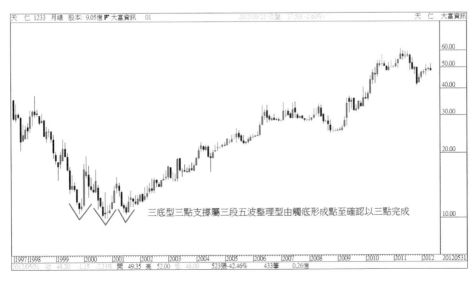

（18-3-33 天仁月線圖）

18-4 均線壓力定位

依據：

◎ 凡平均線由上往下、由漲轉跌、由多轉空，其均線有「壓力」和「助跌」作用；凡遇「壓力」皆是賣出訊號！

◎ 凡K線前高價為「壓力」，遇前高價壓力者，為賣出訊號！

◎ 凡「跌破」K線價前低支撐者，其前低支撐轉為「壓力」，回彈遇前低價壓力者，為賣出訊號！

◎ 凡K線「型態」之頂部線為「壓力」，遇頂部線壓力為賣出訊號！

◎ 凡K線型態之支撐線為支撐，「跌破」型態支撐線者，其型態支撐線轉變為「壓力」，回彈遇型態壓力線，為賣出訊號！

◎ 當股價在平均線之下，無論均線走揚、持平或下跌，股價指數反彈遇平均線，其平均線皆有「壓力」作用。

◎ 當股價指數跌破平均線，平均線由上往下扭轉回跌，形成蓋頭反壓，則平均線向下有「助跌」作用，股價反彈遇平均線「壓力」，為賣出時機。

◎ 價在平均線、K線、指標型態頂線、頸線、趨勢線之下者，則各該線為壓力，遇壓為賣出時機。

價與壓力的盤面現象——
遇該價快速向下跌回
遇該價委賣（張）量持續掛出
突破該價就往下跌降，持續數回

1. 短期日均線「壓力」定位（圖18-4-11）

依據：平均線單線、聚線與纏線定義

◎ 價在日6線之下：定位為「短期6日單線壓力」。

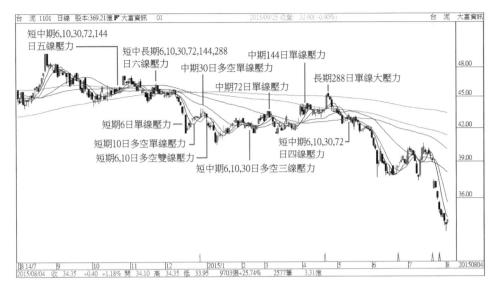

（18-4-11 大盤日線圖）

◉ 價在日10線之下：定位為「短期10日多空單線壓力」。

◉ 價在日30線之下：定位為「中期30日多空單線壓力」。

◉ 價在日6、10線之下：定位為「短期6、10日多空雙線纏線壓力」。

◉ 價在日6、10、30線之下：定位為「短中期6、10、30日多空三線纏線壓力」。

◉ 價在日72線之下：定位為「中期72日單線壓力」。

◉ 價在日144線之下：定位為「中期144日單線壓力」。

◉ 價在日30、72線之下：定位為「中期30、72日多空雙線纏線壓力」。

◉ 價在72、144線之下：定位為「中期72、144日雙線纏線壓力」。

◉ 價在日30、72、144線之下：定位為「中期30、72、144日多空三線纏線壓力」。

◉ 價在日6、10、30、72線之下：定位為「短中期6、10、30、72日四線纏線壓力」。

◉ 價在日6、10、30、72、144線之下：定位為「短中期6、10、30、72、144日五線纏線壓力」。

◉ 價在日288線之下：定位為「288日長期多空單線大壓力」。

◉ 價在日6、10、30、72、144、288日線之下：定位為「短中長期6、10、30、72、144、288日六線纏線大壓力」。

2. 中期週均線「壓力」定位（圖18-4-21）

◉ 價在週6線之下：定位為「中期6週單線壓力」。

◉ 價在週13線之下：定位為「中期13週單線壓力」。

◉ 價在週26線之下：定位為「中期26週單線壓力」。

◉ 價在週6、13線之下：定位為「中期6、13週雙線纏線壓力」。

◉ 價在週6、13、26線之下：定位為「中期6、13、26週三線纏線壓力」。

◉ 價在週52線之下：定位為「長期52週單線大壓力」。

◉ 價在週6、13、26、52線之下：定位為「中長期6、13、26、52週四線纏線壓力」。

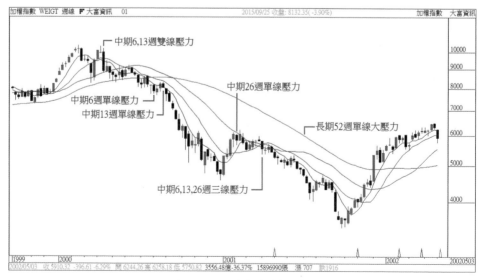

（18-4-21 大盤週線圖）

3. 長期月均線「壓力」定位（圖18-4-31）

- ◉ 價在月6線之下：定位為「中期6月單線壓力」。
- ◉ 價在月12線之下：定位為「長期12月單線大壓力」。
- ◉ 價在月24線之下：定位為「長期24月單線壓力」
- ◉ 價在月6、12線之下：定位為「中長期6、12月雙線纏線大壓力」。
- ◉ 價在月6、12、24線之下：定位為「中長期6、12、24月三線纏線大壓力」。
- ◉ 價在月120線之下：定位為「大長期120月單線大壓力」。
- ◉ 價在月6、12、24、120線之下：定位為「中、長、大長期6、12、24、120月四線纏線大壓力」。

（18-4-31大 盤月線圖）

18-5 壓力的種類

1. 平均線壓力

1. 下跌波段，平均線持續向下回跌，股價反彈遇平均線，皆為「壓力」，遇壓力是賣出訊號！

2. 平均線下降走勢愈陡峭，技術性壓力愈強；平均線下降走勢愈平緩，技術性壓力就弱。

3. 大多頭市場「末升段整理」、「大彈升整理」、「大整理」為頭部整理，應於頭部壓力線賣出。

4. 大回檔波，短中期均線層層支撐，見撐不是撐，「大回檔」下跌波段不考慮支撐。

5. 大壓回波，短、中、長期均線層層支撐，見撐不是撐，股價持續探底尋求底部支撐。

6. 大空頭市場末跌段盤整整理，股價指數突破盤整區頸線壓力，應買進持股，將展開大反彈行情。

7. 大空頭市場大盤整整理波，股價指數突破盤整區壓力線，應全力買進。

8. 大空頭市場大盤整整理波，股價指數突破288日長期多空大壓力線，為大突破大多頭大回升大行情啟動，應全力買進。

2. 型態壓力

◉ 頭部壓力線壓力：當股價指數於高檔區振盪整理作頭，遇前波高點壓力線，應賣出（圖18-5-21）。

◉ 頭肩頂頸線壓力：當股價指數跌破頭肩頂頸線支撐，支撐轉為壓力，反彈遇頸線壓力應賣出（圖18-5-21）。

（18-5-21 全台晶像月線圖）

◖ 下降壓力線：當股價指數反彈遇該下降壓力線應賣出（圖18-5-22）。

（18-5-22 科風月線圖）

● K線價前高為「壓力」，應注意賣出（圖18-5-23）。

（18-5-23 台聚週線圖）

● 成交量之前大量為「壓力」（圖18-5-24）。

（18-5-24 大盤月線圖）

3. 心理壓力

◉ 股價遇10、50、100、500、1000元…者，為心理性「整數關卡壓力」。

◉ 指數遇100、500、1,000、5,000、10,000點…者，為心理性「整點關卡壓力」。

4. 均線單壓力、雙壓力、大壓力

◉ 在技術上壓力線愈多，壓力愈強，技術性愈可靠；也就是說其強性和可靠性：大壓力＞雙壓力＞單壓力。

◉ 單壓力：為單一技術性壓力；如遇單一均線或頸線壓力。

◉ 雙壓力：為同時遇兩種技術性壓力，如72日均線＋13週均線，兩均線幾乎同價位或糾結或一均線＋頸線…等。

◉ 多壓力：同時遇三種以上技術性壓力或「纏線壓力」。

◉ 大壓力：大空頭市場288日均線長期多空線為大壓力。

18-6 壓力點的形成、測試、完成和確認

1. 頭部壓力點的形成、測試、完成和確認

◉ 整理波或盤整波之盤整整理型態，其整理過程必經觸頂點（形成點）、測試點、完成點至確認點才算完成頭部之完全確認；其作頭過程，必先出現高檔「轉折」，此轉折點為「頭部壓力第一形成點」。

◉ 轉折轉空賣點出現後，必現回彈，反彈回測頭部壓力第一形成點，此回測為「頭部壓力第二測試點」。

◉ 由於其作頭過程，為高檔區間來回振盪整理，反覆測試壓力，此壓力測試為「頭部壓力第三測試完成點」。再次回測頭部壓力完成點，回測至此，可說頭部已完成確認，故稱為「頭部壓力第四確認點」。

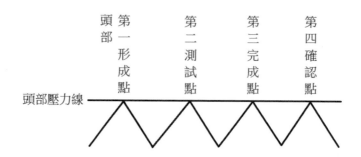

- 型態之頭部形成、測試、完成至確認，如同波段行進三段五波，第四確認點屬第四段，在K線圖上未必出現；第四確認點通常在頭部壓力第三測試完成後，於盤中作反彈確認動作，但若在K線圖上出現第四確認點，則頭部愈大愈廣，賣壓將更沉重。

   以上頭部型態之四個壓力點，在實務操作上可將此四點簡化為如下：

- K線價第一壓力形成點，稱為「價壓」；第二壓力點，稱為「價2壓」；第三壓力點，稱為「價3壓」；第四壓力點，稱為「價4 壓」（圖18-6-11）。

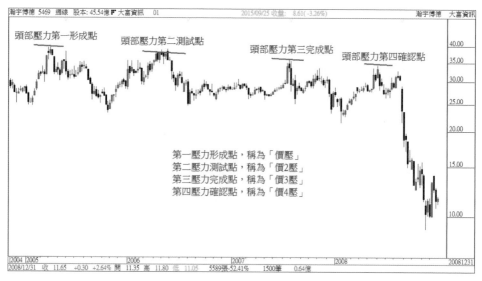

（18-6-11 瀚宇博德週線圖）

◉ RSI第一壓力形成點，稱為「R壓」；第二壓力點，稱為「R2壓」；第
　三壓力點，稱為「R3壓」；第四壓力點，稱為「R4 壓」（圖18-6-12）。

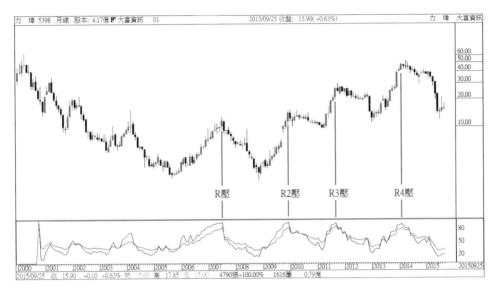

（18-6-12 力瑋月線圖）

平均線壓，稱為「線壓」

◉ 短期日10均線，定位為「短期10日線壓」。

◉ 中期日30均線，定位為「中期30日線壓」。

◉ 長期日288均線，定位為「長期288日線壓」。

◉ 長期月120均線，定位為「大長期120月線壓」。

註：四點確認在短期K線圖上未必出現，在期貨短分線圖(五分鐘)上，屢
　　見不鮮。

2. 均線壓力的形成

◉ 均線壓力之有效與否，仍需經形成、測試、完成、和確認過程，故投資
　人宜把握反彈遇壓機會，逢高賣出持股。

◉ 股價反彈觸及均線壓力點，稱為「均線壓力觸及點」，而此壓力乃第一次觸及，稱為「均線壓力第一形成點」；第二次為「均線壓力第二測試點」；第三次為「均線壓力第三完成點」；第四次為「均線壓力第四確認點」，如此不斷反覆測壓力，則壓力點更紮實，籌碼更形混亂，壓力也就更沉重。

3.壓力點的確認種類

◉ Λ（倒V）形反轉單點壓力：屬下跌強勢市場型，由形成、測試、完成至確認一次完成；如「一食一陰食線」、「陰並線」、「陰反向對應線」（圖18-6-31）。

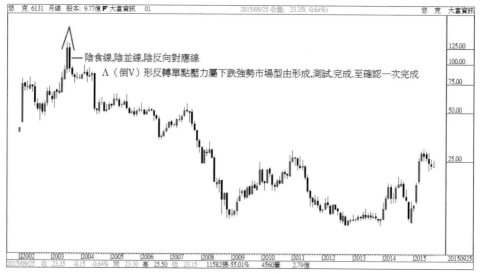

（18-6-31 悠克月線圖）

◉ M型雙重頂雙頭雙點壓力：由形成至確認以雙點完成（圖18-6-32）。

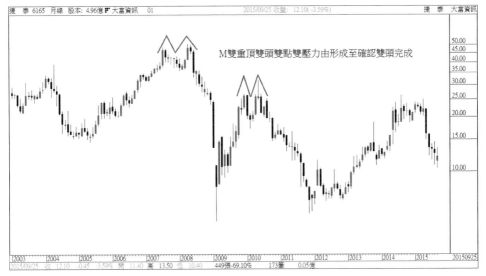

（18-6-32 捷泰月線圖）

● 三頭型三點壓力：屬三段五波整理型，從形成、測試至完成以三點壓力
頭部完成（圖18-6-33）。

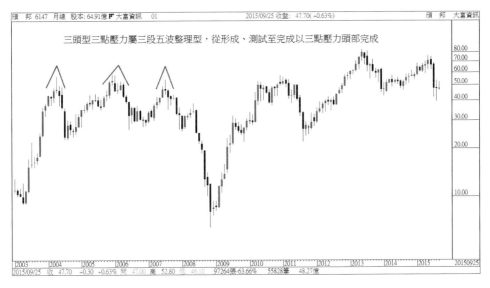

（18-6-33 頎邦月線圖）

大新解 *19*-修正定義

19-1 回檔與回檔整理大整理修正釋義與定義

所謂「修正」，就是「乖離修正」、「整理修正」；當股價經一翻漲升或跌降，價與平均線間必現或多或少的價差率，這價差率，就稱為「乖離率」；多頭市場呈現正價差，稱為「正乖離」、「正乖離修正」；空頭市場呈現負價差，就稱為「負乖離」、「負乖離修正」。

回檔修正在多頭市場稱為「拉回、回檔」修正；空頭市場稱為「回彈、反彈」修正。

整理修正在多頭市場稱為「整理」修正；空頭市場稱為「盤整」修正。

股市行情不會只漲不跌或只跌不漲，股價漲漲跌跌，漲多就跌、跌多就漲、超漲超跌，這是極其自然的「修正」現象！

股價如同我們一樣每天努力辛苦工作之外、也是須要休息的！休息是為了更美好的明天，也是為了走更遠的未來！

股價也一樣除了漲和跌之外，它也是必須休息的；休息就是「修正」；「修正」就是「拉回」、「回彈」、「回整」與「彈整」；「修正」代表一個階段的結束，也是另一個階段的開始，放鬆一下心情，順便思考下步行情將要如何進行…

所謂「修正」是依據平均線三大作用－－

1. 均線有「支撐」和「壓力」作用

2. 均線有「助漲」和「助跌」作用

3. 均線有「上引力」和「下引力」作用

「拉回」：除了拉回至短期10日均線支撐稱為「拉回」外，多頭漲多

無論拉回自何等均線，其稱謂皆可稱為「拉回」；例如拉回至中期72日均線支撐、拉回至長期288日均線大支撐⋯。空頭市場則統稱為「回彈」。

當股價指數由突破、大突破起漲大多頭回升行情，其「拉回」與「回檔」，都是多頭市場漲多的拉回現象，為買進訊號。

當股價指數由跌破、大跌破起跌大空頭回跌行情，其「回彈」與「反彈」，都是空頭市場跌多的回彈現象，為賣出訊號。

茲將其定義闡述如下：

◎ 以短期10日多空線定位為短期多空基準軸線，價在此線之上者，稱為「短期多頭」或「短多」，股價拉回至此均線支撐者，稱為「拉回」或「短期拉回」；其整理型態稱為「拉回整理」或「短期回整」；價在此線之下者，稱為「短期空頭」或「短空」，其價回彈至此均線壓力者，稱為「回彈」；其整理型態稱為「回彈盤整」。

◎ 以中期30日多空線定位為中期多空基準軸線，價在此線之上者，稱為「中期多頭」或「中多」，其價拉回至此均線支撐者，稱為「回檔」；其整理型態稱為「回檔整理」或「回整」；價在此線之下者，稱為「中期空頭」或「中空」，其價回彈至此均線壓力者稱為「反彈」、其整理型態稱為「反彈盤整」或「彈整」。

◎ 以長期288日多空線定位為長期多空基準軸線，價在此線之上者，稱為「長期多頭」或「大多頭」，其價拉回至此均線支撐者稱為「大回檔」；其整理型態稱為「大回檔整理」或「大回整」；「大回整」之接續波為「大彈升」，其整理型態稱為「大彈升整理」；不論是「大回檔整理」或「大彈升整理」，其整理完後，行情理應向上回升，但卻反向向下跌破回跌，此時之「大回檔整理」或「大彈升整理」轉為「大整理」；大整理大跌破後，大空頭行情正式啟動。

◎ 波段漲幅大，跌幅就大，回檔幅度大，整理時間就必長。

◉ 回檔與整理是多頭漲升段漲多後的拉回修正，為「回檔與整理修正」，其回檔或回檔整理後的接續波為漲升波，故其回檔整理後的走勢是向上漲升的。

◉ 當一個漲升段結束後，必以兩種方式進行修正 a回檔修正b整理修正。

◉ 回檔修正：回檔屬於價主動拉回回跌向均線靠攏尋求支撐，所以其修正時間是較短暫的。

◉ 整理修正：是價呈橫向區間整理「型態式」的，以區間振盪來回整理或一紅一黑橫向整理，其整理走勢為價不跌，均線逐步漲上，形成上聚線或纏線支撐整理；因屬於型態整理，所以整理時間較長。

◉ 288日長期多空基準線修正：此線是長期投資者進出股市的多空分水嶺、是主力作手長期操作的多空基準線；不論是「回檔修正」或「整理修正」，主要目的是在修正價與288日長期多空基準線的正（負）乖離收斂縮減關係。

19-2 回檔與整理修正

1.短期修正：拉回、回檔

當股價指數由突破、大突破起漲大多頭回升行情，其「拉回」與「回檔」，都是多頭市場漲多的拉回現象，為「買進」訊號。

當股價指數由突破進入漲多漲高回升高檔時，短期日線圖之各期均線明顯呈扇形乖離擴大時，有必要進行「大回檔大修正」，以縮小各均線之乖離…，其「回檔、中期回檔、大回檔大修正」，皆為「賣出」訊號。

短期修正－－拉回

中期修正－－回檔

大（長期）修正－－大回檔

修正時間以五根K線以內為限。

1. 短期日K線而言（圖19-2-11）：

以短期6、10日多空線為支撐軸線為操盤線者，稱為「日線拉回」或「回檔」。

以中期30、72 、144日多空線為支撐軸線者，稱為「日線中期回檔」或「中期回檔」。

以長期288日多空線為支撐軸線為操盤線者，稱為「日線大回檔」或「大回檔」。

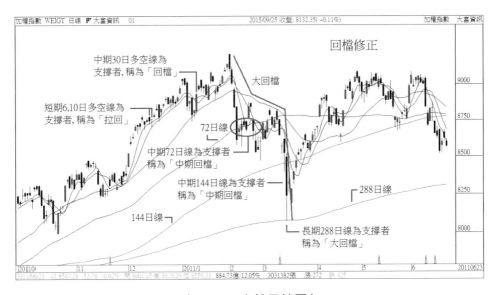

（19-2-11 大盤日線圖）

◉ 當股價指數在6日均線之上拉回測試10日短期多空線支撐，稱為「拉回」或「短期拉回」。拉回遇短期10日多空線支撐，遇支撐理應繼續向上漲升，其漲升稱為「10日短期彈升」，然卻不升反向跌破跌破10日短期多空支撐線，只得繼續向下尋求支撐…。

◉ 當股價指數「拉回」跌破10日短期多空線軸線翻轉，短期多空線由

漲轉跌、由短多轉為短空，由短撐轉為短壓，價彈升遇10日短壓折回，只得繼續往下尋求下檔支撐，價跌回至30日中期多空線支撐者，稱為「回檔」；遇支撐理應繼續向上漲升，其漲升稱為「30日中期彈升」，然卻不升反向跌破跌破30日中期多空支撐線，只得繼續向下尋求支撐…。

- 當股價指數由30日中期多空支撐軸線翻轉跌破後，中期多空線由漲轉跌、由中多轉為中空，由中期支撐轉為中期壓力，價彈升遇30日中壓折回，只得繼續往下尋求下檔72、144日均線支撐，稱為「中期回檔」；遇支撐理應繼續向上漲升，其漲升稱為「72、144日中期彈升」，然卻不升反向跌破跌破72、144日中期多空支撐線，只得繼續向下尋求支撐…。

- 大突破後，股價歷經回升拉回、回升回檔、中期回檔，因漲幅已大，投資人獲利豐碩，價距288日長期多空支撐線正乖離也大幅擴大，有必要進行大幅度修正，由於修正波通常是直下走勢一氣到底，按前述定義，「漲幅大，跌幅就大」，跌至288日長期多空大支撐線支撐，稱為「大回檔大修正」。

2. 就中期週K線而言，其「回檔」，稱為「中期週線回檔」。

3. 就長期月K線而言，其「回檔」，稱為「長期月線回檔」。

2. 大長期大修正：大長期大回檔大修正

- 以10年大長期多空大支撐線為軸線者，稱為「大長期大回檔大修正」。

- 以長期月K線圖言（圖19-2-21）：

  大長期大回檔，自民國79/02/12日大長期大回升高點12682跌落至79/10/12日低點2485，跌點10197點，跌幅80.4%；當時10年大長期多空線指數是2672，此大長期大回檔跌幅之大，令股民哀鴻遍野，是台股史無前例的空前大災難！

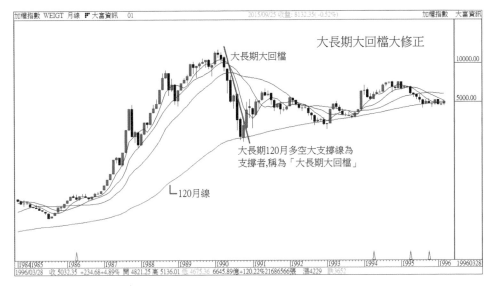

（19-2-21 大盤月線圖）

3 短期整理修正：拉回整理、回檔整理、中期回檔整理、大整理

以短期日K線圖為主的「回檔整理」，其整理修正時間需＞六根K線以上。

1. 短期日K線而言（圖19-2-31）

當股價指數由突破、大突破起漲大多頭回升行情，其「拉回整理」與「回檔整理」，都是多頭市場漲多的拉回現象，為「買進」訊號。

當股價指數由突破進入漲多漲高回升高檔時，短期日線圖之各期均線明顯呈扇形正乖離擴大時，有必要進行「大回檔整理大修正」，以縮小各均線之乖離…，其「回檔整理、中期回檔整理、大整理大修正」，皆為「賣出」訊號。

以短期10日多空線為支撐軸線整理者，稱為「10日短期拉回整理」或「10日短期回整」。

以中期30日多空線為支撐軸線整理者，稱為「30日中期回檔整理」或「30日中期回整」。

以中期72 、144日多空線為支撐軸線整理者,稱為「72、144日中期回檔整理」或「72、144日中期回整」。

以長期288日多空線為支撐軸線整理者,稱為「288日長期大回檔整理」或「288日大回整」。

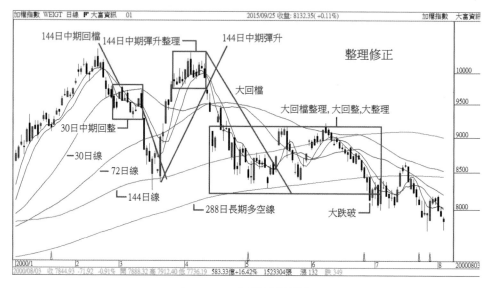

（19-2-31 大盤日線圖）

◉ 當股價指數自高檔滑落至短期10日多空線支撐,但並未因遇支撐而轉升,反於短期10日多空線上下游走,進行平行橫向一紅一黑、一漲一跌整理或小幅區間振盪整理時間達多K線以上,稱為「拉回整理」或「10日短期回整」;股價指數「拉回整理」完成後,理應繼續其漲升走勢,稱為「短期彈升」,其整理稱為「短期彈升整理」,然卻反向跌破10日短期多空線整理區翻轉向下,短期10日多空線由漲轉跌、由短多轉為短空,由短撐轉為短壓,股價指數回彈遇10日多空線短壓折回,只得繼續往下尋求下檔支撐…。

當股價指數續向下檔中期30日多空線下探尋求支撐,遇中期支撐彈

升至短期10日多空線壓力，遇壓壓回，來來回回於10、30日兩多空線間振盪整理時間達多K線以上者，稱為「回檔整理」或「30日中期回整」；股價指數「回檔整理」完成後，理應繼續其上升走勢，稱為「30日中期彈升」，其整理，稱為「30日中期彈升整理」，然卻反向跌破30日「中期回檔整理」多空整理區翻轉向下，中期30日多空線由漲轉跌、由中多轉為中空，由中撐轉為中壓，股價指數回彈遇30日多空線中壓折回，只得繼續往下尋求下檔支撐…。

當股價指數由30日中期多空支撐軸線翻轉跌破後，只得繼續往下尋求中期72、144日均線支撐，股價指數回檔至中期72或144日均線支撐後，中期跌幅已大，再遇中期支撐線支撐回彈，回彈至6、10、30短中期三線壓力，價遇壓壓回，股價指數來來回回、上上下下，反覆區間振盪整理時間達多K線以上，短、中期6、10、30、72、144日五線相互間交錯、交疊，價與均線逐漸整理乖離收斂，稱為「72、144日中期回檔整理」或「72、144日中期回整」；整理完後，行情理應繼續向上漲升，稱為「72、144日中期彈升」，其整理，稱為「72、144日中期彈升整理」，然卻反向跌破「72、144日中期回檔整理」多空整理區翻轉向下，中期72、144日多空線由漲轉跌、由中多轉為中空，由中撐轉為中壓，股價指數回彈遇72、144日多空線中壓折回，只得繼續往下尋求下檔支撐…。

◉ 當股價回檔跌破層層關卡，下探288日長期多空大支撐線尋求支撐，股價於大支撐處，上下來回區間振盪整理，當價遇大支撐線則回彈、但短、中期各均線橫亙在上，形成短、中期均線壓力，價遇壓則回、遇撐則彈，如此反反覆覆、來來回回，區間振盪時間達多K線以上，稱為「大回檔整理」或「大回整」；大回檔整理完後，行情理應繼續向上漲升，稱為「288日大彈升」，其整理，稱為「288日大彈升整理」；無論是「大回檔整理」或「大彈升整

理」，皆在「288日長期多空線」支撐線處軸線整理，故其整理區統稱為「大整理」，其整理完後，行情理應繼續向上漲升，然卻反向跌破，大跌破「288日長期多空線」整理區翻轉向下，長期多空線由漲轉跌、由大多頭轉為大空頭，由大支撐轉為大壓力，大跌破「大整理」區後，大空頭行情正式啟動。

◉ 大整理是指在長期多空支撐線上整理而非指整理時間長短。

2. 就中期週K線而言，「回檔整理」，其整理修正時間需＞六根K線以上，稱為「中期週線回整」。

3. 就長期月K線而言，「回檔整理」，其整理修正時間需＞六根K線以上，稱為「長期月線回整」。

19-3 回彈、反彈、反彈盤整與大盤整修正釋義與定義

◉ 反彈與盤整波是大空頭跌降波下的反彈和盤整整理，為「反彈與盤整整理修正」，其反彈或盤整整理後的接續波為跌降波，故其反彈和盤整整理後的走勢是向下的。

◉ 波段跌幅大，反彈幅度就大，盤整整理時間也必長。

◉ 當一個跌降波段結束後，必以兩種方式進行修正 a反彈修正b盤整修正。反彈修正：是屬於價主動反彈回漲向上主動挑戰壓力，所以其修正時間是較短暫的。

◉ 反彈盤整整理修正：是價呈橫向區間盤整「型態式」的區間振盪盤整整理或一紅一黑橫向整理，其整理走勢為價不跌，均線緩步跌下，形成下聚線或纏線壓力盤整整理；因屬於型態整理，所以盤整整理時間較長。

◉ 以288日長期多空線為基準，此線是長期投資者進出股市的多空分水嶺、是主力作手長期操作的多空基準線；不論是「反彈修正」或「盤整修正」，主要目的是在修正價與288日長期多空基準線之乖離減縮修正。

1. 短期修正回彈、反彈與大反彈

　　當股價指數由跌破、大跌破起跌大空頭回跌行情，其「回彈」與「反彈」，都是空頭市場跌多的回彈現象，為賣出訊號。

　　當股價指數由跌破進入跌多跌低回跌低檔時，短期日線圖之各期均線明顯呈扇形負乖離擴大時，有必要進行「大反彈大修正」，以縮小各均線之乖離…，其「回彈、反彈、大反彈修正」，皆為買進訊號。

　　短期修正－－回彈

　　中期修正－－反彈

　　大（長期）修正－－大反彈

　　修正時間以五根K線以內為限。

　　1. 短期日K線而言（圖19-3-11）：

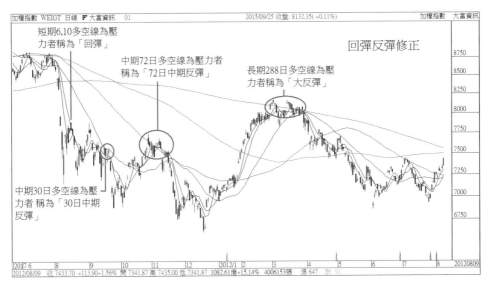

（19-3-11 大盤日線圖）

　　以短期10日多空線為軸線壓力者，稱為「回彈」或「10日短期回彈」。

以中期30日多空線為軸線壓力者，稱為「反彈」或「30日中期反彈」。

以中期72、144日多空線為軸線壓力者，稱為「中期反彈」或「72、144日中期反彈」。

以長期288日多空線為軸線壓力者，稱為「大反彈」或「288日大反彈」。

◎ 價因短期跌多由低點處漲回測試6、10日短期多空壓力線，稱為「短期回彈或回彈」；回彈遇壓力線壓回，稱為「短期壓回或壓回」。

◎ 價突破10日短期多空線軸線翻轉向上，短期多空線由跌轉漲、由短空轉為短多，由短壓轉為短撐，價因突破回測短期10日多空線支撐，遇撐則彈，價只得繼續往上挑戰上檔均線壓力，回彈至30日中期多空線壓力，稱為「反彈或30日中期反彈」；反彈遇壓力線壓回，稱為「中期壓回或30中期壓回」。

◎ 當股價由30日中期多空壓力軸線翻轉突破向上後，中期多空線由跌轉漲、由中空轉為中多，由中期壓力轉為中期支撐，價回測遇中期支撐線續彈，反彈至72、144日中期壓力線壓力，稱為「中期反彈或72、144日中期反彈」；反彈遇壓力線壓回，稱為「中期壓回或72、144日中期壓回」。

◎ 大跌破後，股價歷經回跌跌多跌低因跌幅已大，投資人普遍損失慘重，且價距288日長期多空壓力線負乖離也大幅擴大，多頭有必要進行大幅度修正，由於大修正波通常是直上反轉走勢既快又急，按前述定義，「跌幅大，反彈幅度就大」，價反彈至288日長期多空大壓力線壓力，稱為「大反彈大修正」。

2. 就中期週K線而言，其「反彈」，稱為「中期週線反彈」。

3. 就長期月K線而言，其「反彈」，稱為「長期月線反彈」。

2. 大長期大修正：大長期大反彈。

◎ 以10年長期多空線為大長期大壓力線的「大長期大反彈」賣出訊號（圖19-3-21）！

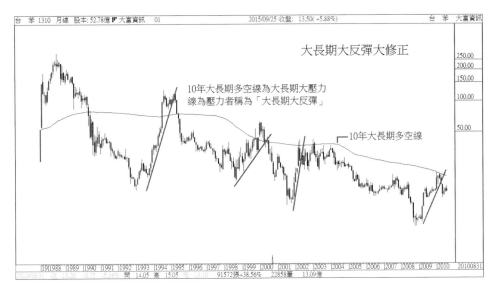

（19-3-21 台苯月線圖）

3. 回彈盤整（彈整）、反彈盤整（彈整）與大反彈盤整（大彈整）

以短期日K線圖為主的「短期盤整修正」；其修正時間需＞六根K線以上多K線。

1. 短期日K線而言（圖19-3-31）：

以短期10日多空線為壓力軸線盤整者，稱為「短期回彈盤整」或「回彈彈整」。

以中期30日多空線為壓力軸線盤整者，稱為「30日中期反彈盤整」或「中期彈整」。

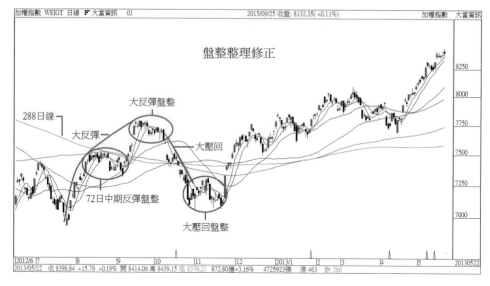

（19-3-31 大盤日線圖）

以中期72 、144日多空線為壓力軸線盤整者，稱為「72 、144日中期反彈盤整」或「72 、144日中期彈整」。

以長期288日多空線為壓力軸線盤整者，稱為「大反彈盤整」、「大彈整」或「大盤整」。

⚫ 股價指數自低檔回彈漲至短期10日多空線壓力，但並未因遇壓力而轉降，反於短期10日多空線上下游走，進行平行橫向向振盪短期盤整整理或一漲一跌、一紅一黑、一陽一陰橫向盤整時間達多K線以上，稱為「回彈盤整或10日短期彈整」；股價指數「回彈盤整」完成後，理應繼續其跌下走勢，稱為「短期壓回」，其盤整整理稱為「短期壓回盤整整理」，然卻反向突破10日短期多空線盤整整理區翻轉向上，短期10日多空線由跌轉漲、由短空轉為短多，由短壓轉為短撐，股價指數壓回遇10日多空線短撐彈回，只得繼續往上挑戰上檔壓力…。

● 當股價指數突破短期10日多空線壓力盤整區，續朝中期30日多空線上探挑戰壓力，遇中期30日多空壓力壓回至短期10日多空線支撐，遇撐彈回，來來回回於10、30 日多空線間振盪盤整整理時間達多K線以上，稱為「反彈盤整」或稱「彈整」；其「反彈盤整」完成後，理應繼續其跌下走勢，稱為「中期壓回」，其盤整整理稱為「中期壓回盤整整理」，然卻反向突破30日中期多空線盤整整理區突破翻轉向上，中期30日多空線由跌轉漲、由中空轉為中多，由中壓轉為中撐，股價指數壓回遇30日多空線中撐彈回，只得繼續往上挑戰上檔壓力…。

● 當價由30日中期多空壓力軸線翻轉突破後，中期多空線由跌轉漲、由中空轉為中多，由中壓轉為中撐，價遇30日中期支線撐回彈，只得繼續向上挑戰上探中期72、144日均線壓力，價反彈至中期72、144日線壓力，因中期彈幅已大，再遇中期72、144日壓力線壓力，遇壓力壓回回測，回測6、10、30短中期三線支撐，價遇撐則彈，如此來來回回、上上下下，反覆區間振盪盤整整理時間達多K線以上，稱為「72、144日中期反彈盤整」或「72、144日中期彈整」；其「72、144日中期彈整」完成後，理應繼續其跌下走勢，稱為「72、144日中期壓回」，其盤整整理稱為「72、144日中期壓回盤整」整理，然卻反向突破72、144日中期多空線盤整整理區突破翻轉向上，中期72、144日多空線由跌轉漲、由中空轉為中多，由中壓轉為中撐，股價指數壓回遇72、144日多空線支撐彈回，只得繼續往上挑戰上檔壓力；此時短、中期6、10 、30、72、144日五線與長期288日多空大壓力線之乖離明顯縮減收斂，盤整整理遇大壓力壓回，行情將因大壓力壓回而繼續往下…。

● 當股價反彈突破層層關卡，上探288日長期多空大壓力線上下來回區間振盪盤整整理，當價遇大壓力線則回、但短、中期各均線橫

互在下，形成短、中期均線支撐，價遇撐則彈、遇壓折回，如此反反覆覆、來來回回，區間振盪時間達多K線以上，稱為「大反彈盤整整理」或「大彈整」；其「大彈整」完成後，理應繼續其跌下走勢，稱為「大壓回」，其盤整整理稱為「大壓回盤整」整理；不論是「大反彈盤整」整理或「大壓回盤整」整理，皆在288日長期大壓力線處盤整整理，故統稱為「大盤整」；「大盤整」整理完成後，理應反向回跌，然卻於288日長期大壓力線多空軸線下反覆挑戰大壓力線，成功挑戰突破288日長期多空大壓力線，形成「大突破」突破「大盤整」區時，大多頭大行情大買進時機於焉起始…

2. 就中期週K線而言，其「反彈盤整整理」，其盤整修正時間需＞六根K線以上多K線，稱為「中期週線彈整」。

3. 就長期月K線而言，其「反彈盤整整理」，其盤整修正時間需＞六根K線以上多K線，稱為「長期月線彈整」。

國家圖書館出版品預行編目(CIP)資料

股票期貨技術大新解 / 蘇輝明著. -- 初版. -- 新北市,
　　2016. 12
　　面；　公分
　　ISBN 978-986-94100-0-7 (平裝)
　　1.股票投資　2.期貨交易　3.投資分析
563.53　　　　　　　　　　　　　　105023183

股票期貨技術大新解

發　　　行　飛天股票期貨研究工作室
編　　　著　蘇輝明
出　版　者　飛天股票期貨研究工作室
地　　　址　22051新北市板橋區新海路403巷20號6樓
購書/服務　02-2251-1363
電子郵件　shm0321g@gmail.com

排版印製　淵明印刷有限公司
地　　　址　23449 新北市永和區福和路 164 號 4 樓
電　　　話　02-8925-5555
傳　　　真　02-8925-5168
初　　　版　2016 年 12 月
定　　　價　新台幣 1000 元整
I S B N　978-986-94100-0-7 (平裝)